講談社文庫

高倉健

隠し続けた七つの顔と「謎の養女」

森　功

講談社

文庫版まえがき

〈「僕のこと、書き残してね」

この本は、高倉との約束から生まれました〉

巻末の「あとがきにかえて」はそう始まる。高倉健が鬼籍に入ってからちょうど五年経った二〇一九年一〇月三〇日、小田貴月《おだたか》が『高倉健、その愛。』（文藝春秋）を刊行した。言うまでもなく著者は高倉の養女小田貴で、貴月は筆名である。文字どおり「あとがきにかえて」そう書いたのは、本人が今になってなぜ本を出そうとしたのか、その理由付けにほかならない。

本の宣伝を兼ねているのだろう、この頃、和服姿の彼女がしきりにテレビに出演し、雑誌にも登場した。もっとも、なぜか画面や誌面に彼女の顔はなく、足元や後姿を映し出し、当人がそれらしく語っている。愛する人の死後、ようやく刊行にこぎ着けた本の著者であるはずなのに、どうにも晴れがましさを感じない。それは、これまで高倉と養女の不可思議な関係を取材してきた先入観のせいだろうか。そう考え、本を読んだという無関係の読者にも感想を尋ねたが、同じように違和感を覚えた人が多かった。

高倉健には、その私生活が謎めいているからこそ神秘性が増し、稀代の名優のイメージを保ってきた面が否めない。一七年ものあいだ、人知れずいっしょに暮してきたという養女もまた、そのために私生活の秘密を守ってきたと雑誌のインタビューで語った。

〈「生前高倉は、プライベートを明かすことを良しとしませんでした。中でも家は〝聖域〟です。死後もそんな高倉の思いを貫きました……」〉(婦人公論二〇一九年一二月二四日・二〇二〇年一月四日合併特大号)

にもかかわらず今になって禁を破ったのは、著書にあるように高倉健自身の書き残してほしいという遺志なのだろうか。だが、それもまたストンと腑に落ちない。たとえば高倉の死後すぐに遺品の名車やクルーザーを処分していった件について、彼女はこう言った。

〈高倉の履歴のあるものが事故を起こしたとなれば、高倉が悲しむのは必至。処分は、そういう思いを託されてのこと。高倉の親族とはお互いの弁護士を通じて、話が

ついておりますので、これ以上私からお話しすることはありません〉（同誌より）

高倉健の死後、突如現れた謎の養女は江利チエミとのあいだの水子をまつった鎌倉霊園の墓を含め、高倉の残した思い出を破壊した。九州に残された家族の願いも聞かず、舎利まで散骨した。それらも、すべて故人の遺志だと言い張る。

拙著『高倉健　七つの顔を隠し続けた男』は、この養女の著書より二年以上前に単行本として上梓している。さらにその二年ほど前から何度も彼女に取材を申し込み、養女の顧問弁護士にも、二人の関係について話を聞いてきた。しかし、残念ながら養女本人はいっさい取材に応じることがなかった。

そしてようやく出版された『高倉健、その愛。』は、これまで私がぶつけてきた数々の疑問にはほとんど答えていない。せいぜい、彼女が高倉の本名を読み間違えてきた疑念について触れている箇所があるのみだ。名付け親である高倉の実母は別の呼び方をしてきたが、学友は彼女と同じように呼んできたというように反論している。

たしかに芸能関係者や大学時代の友人は、高倉の家族とは異なる呼び方をしてきた。しかし、彼女は今もって家族と一度も顔を合わせていない。なのに学友たちと会ったことがあるのだろうか。

彼女は高倉の本名を読み違えていた根拠として、自著に一九六五（昭和四〇）年の古いパスポートの写真を掲載している。だが、戸籍そのものには名前の読みの記載がなく、名の誤読の謎を解く答えになっていない。疑念の詳細は本書で読んでいただくとして、もう一言付け加えれば、パスポートの発行された五五年前は彼女が生まれた頃だ。本名の誤読を指摘された彼女が、高倉の遺品を整理していて運よくこのパスポートを発見したに過ぎないのではないか。そんな疑念も新たに沸いてきた。

なにより彼女の自著『高倉健　その愛。』はその大仰な書名にもかかわらず、二人のあいだにまったく愛や情を感じない。高倉の発言として出てくる言葉は「あれをしてほしい、これをしておいてくれ」という注文、あるいは映画の回想ばかりだ。発言は常に一方通行であり、愛する相手との〝会話〟とはとうてい思えない。やたら洋服の趣味や食事のメニューの細かい描写も出てくる。そこに次のような感想を漏らした読者もいた。

「まるで家政婦の手記だ」

生涯に稼いだギャラが一〇〇億円といわれる高倉健の全財産を相続した養女は、二代目の高倉プロモーションの社長となった。生前、高倉の出演した映画やレコード、出版にいたる権利を一手に握っている。したがって映画会社やテレビ局は、彼女の了解なくして高倉の映像や写真を使えず、記念イベントもできない。事実、彼女が首を縦にふらなかった結果、試写会で使った映像や写真をすべて差し替えた映画もあるほどだ。

実は、病魔におかされた高倉健本人が最期に残そうとした日本映画の企画があった。もとは主役に予定していた米国の名優、マーロン・ブランドの急逝により、お蔵入りとなっていた江戸時代の物語だ。そのオファーが一〇年のときを経て、生前の高倉のもとに届けられたという。

「健さんは八月六日、軽井沢の別荘から長野の上田まで車で飛ばして来て原作者と会い、承諾しました。その少しあとに亡くなった。驚きました」

くだんの映画関係者は、そう打ち明けてくれた。養女は高倉と原作者のそんなやりとりを知っているのだろうか。

ほどなく七回忌を迎える日本人が最も愛した俳優の生きざまは、かなり難解である。むろん単純にスターとしてのイメージを壊したくないから、生身の姿を明かさなかっただけではない。生前には決して明かせなかった高倉健の苦悩が、そこにあった。

本文写真提供　講談社資料センター、ＦＲＩＤＡＹ、小松寛之

高倉健　隠し続けた七つの顔と「謎の養女」

目次

第二章　先祖に祈る男

第三章　銀幕のプレイボーイ

第四章　純愛の男

終章　瀬田の墓と鎌倉の墓

はじめに——大俳優が抱えていた闇の正体

誰もが驚いた高倉健《たかくらけん》の死は、発表まで一〇日近く伏せられた。高倉は二〇一四年一一月一〇日午前三時四九分、東京・信濃町にある慶応病院の特別室で一人の女性に看取られて息を引き取った。そのあと一八日昼前になって突然、「高倉プロモーション」からマスコミ各社宛の悲報がファックスで届いたのである。

「死因は春先の検査で判明した血液のがんと呼ばれる悪性リンパ腫で、すでに近親者だけで密葬を済ませた」

事務所はそう発表した。が、訃報《ふほう》に接したマスコミ側は、どこでどんな葬儀をおこなったのか、入院時の様子も含め、まったく事情がわからず、右往左往するばかりだった。本人の健康状態については、数年前に前立腺がんで手術したという説があったものの、実は親戚や事務所のスタッフでさえ、その事実を知らない。前立腺がんは関係者が確認した病状ではなく、その真偽《しんぎ》もいまだ不明だ。

つまり八三歳の高齢とはいえ、高倉の急逝《きゅうせい》は、ほとんどの関係者が入院すら知らない唐突な出来事だった。生涯二〇五本の映画に出演し、「生きる伝説」とまで評された名優は、みずからの素顔を世間にさらすことを極端に嫌い、その死に際までもがベールに包まれているのである。

政治家や官僚、実業の世界で生きてきた財界人たちは、メジャーになればなるほど、その実像や素顔に接する機会が増える。それは、マスメディアや当人たちが社会の関心にこたえようとする結果といえるかもしれない。

半面、芸能やスポーツの世界で活躍するメインプレーヤーたちの多くは、私生活を知られることを嫌がる。みずからの活動の舞台でしか素顔を見せず、芸能マスコミはプロダクションや本人の顔色をうかがって生の姿を積極的に公開しない。芸能・スポーツの世界では、そのほうがスターの神秘性が増し、実際、人気を支えるには、実像が明らかにならないほうが都合がいいのかもしれない。

たまに長嶋茂雄《ながしましげお》や美空《みそら》ひばりなどのプライベートな部分や生前秘話が明るみに出ると、世間は大騒ぎする。だが、それらのエピソードは、やはり外向きに用意されている感が否《いな》めない。本当の姿とはかなり遠いように感じてしまう。

高倉健の残したその手の「伝説」もまた、数多くある。とりわけ死後、競うように芸能人が登場し、ユニークなエピソードを紹介してきた。たとえば映画撮影時のユーモラスな出来事であったり、自動車やコーヒーなどの嗜好《しこう》であったりする。が、それらはあくまで映画俳優のイメージでとらえられるものばかりだ。

果たして本当の高倉健はどんな男なのか。そう問われると、これまで伝えられてきたエピソードでは答えが出ない。むしろ、生身《なまみ》の姿は、限りなく遠くにかすんでいるというほかない。

高倉健の実像に迫ってみよう。ありていにいえば、それが本書の原点である。

取材を通じて感じた高倉健は、むろん完璧な人間ではなかった。ときにはわれわれと同じような人としての甘さや弱さを露呈し、愛嬌《あいきよう》のある軽薄な行動も示した。また別の場面では、冷徹なまでにみずからを律し、孤独に耐えてきた。

ただし高倉健の生活は、たやすく割り切れる一面的なそれでもない。高倉のわかりにくさは、みずからが接してきたその相手によって見せる顔が異なるからでもあった。

郷里の九州にいる母親や妹たち、ごく身近な旧友や映画仲間、果ては暴力団組長にいたるまで、高倉は相手に応じ、違う顔で接し、それぞれの交わりを大事にしてきたといえる。

高倉健には知られざる七つの顔がある――。

本書では、取材のなかで感じた高倉の素顔をそう分類してみた。善光寺参りを欠かさない信仰心の原点となった先祖との出会いや、放蕩《ほうとう》の大学生活の末にたどり着いた俳優の道、江利《えり》チエミに注いだ愛情と別離の苦悩、山口組大物組長に対する友情、そして最後の女性となった養女の存在と死……。

それらは、これまで伝えられなかった意外な発見の連続だった。

高倉健は、ひたすら周囲に惑わされまいとあがいてきた。みずからの哲学や信条をストイックなまでに貫き通そうとしてきたかのようにも思える半面、弱音《よわね》を吐く姿をさらすまい、ともがいてきたのかもしれない。

高倉健の悩みのなかには、ある意味、誰もが背負い込む話も少なくない。ただし、常にそこに正面から向き合い、驚異的な精神力で生きてきた。そう痛感させられる。

序　章　京都の隠れ家

「高倉健がパリで死んだ」

映画の仕事を終えると、一人ふらりと海外に出かける。高倉健は、一九八五（昭和六〇）年公開の「夜叉《やしゃ》」（東宝）のあとも、しばらく所在不明だった。

エイズ騒動は、そんなふだんの雲隠れが導火線となった。もとをただせば、当人がHIV研究で知られるパリのパスツール研究所を訪れたときの目撃談が発端だ。そこから怪しげな情報が流れ始めた。一九八七年四月一五日夕刻のことだ。

「高倉健がパリで死んだ」——。

今のようにインターネットが普及していない時代なのに、そのパリの目撃情報は瞬《また》く間に世界中に拡散した。エイズによる高倉健死亡説である。どこでどう噂《うわさ》を聞きつけたか、映画会社だけでなく、スポーツ各紙に大勢のファンから問い合わせ電話が殺到した。

「死んだのはパリじゃなく、アメリカだ」

折しも、エイズが社会問題化してきた時期でもあった。スポーツ紙はむろん、一般紙や通信社の文化部記者たちまでが、錯綜《さくそう》する怪情報の裏どりに走ったものである。

東映時代の高倉は、スケジュールが空くと、プロデューサーやスタッフにみずからの連絡先を伝えてきたが、独立したあとは誰にも行く先を告げず単独行動をとることが多かった。とりわけいったん海外に出かけると、事務所の秘書でさえ居所を知らないので、連絡をとるのは至難だったといえる。

前々作の「南極物語」でコンビを組んでいた映画監督の蔵原惟繕《くらはらこれよし》なら、安否情報がわかるのではないか。蔵原がしばらくして高倉本人に電話連絡をとると、つながったという話が広まった。

「ラスベガスでおこなわれたWBCミドル級タイトルマッチを観戦したまま米国に滞在していたらしい」

そんな結論に落ち着いた。そうしてエイズ騒動は空騒ぎに終わったが、あとからそれを知った本人はさすがに怒った。

ひと月後の五月二一日、パリ・ダカールレースを描いた映画「砂の冒険者」（公開時に「海へ—See you—」と改題）（東宝）の制作発表で、高倉健は、珍しく三〇〇人の芸能記者相手に気色《けしき》ばんだ。

「女の噂とかであれば笑って済まされるが、故郷には肉親もいるんです」

吉永小百合の大誤解

このエイズ死亡騒動には、いまだ語り尽くされていない秘話がある。

「ヤッさん、大変なのよ。ロック・ハドソンが死んだニューヨークの病院で、健さんが亡くなったらしい。ヤッさんは迎えに行かないの？」

騒ぎの渦中、「ヤッさん」なる人物にそう電話をかけてきたのが吉永小百合《よしながさゆり》だった。繰り返すまでもなく、「ジャイアンツ」「武器よさらば」など数々の名作に出演したハリウッドスターのロック・ハドソンは同性愛者で、二年前の一九八五年、実際にエイズで死亡している。それを聞きつけた吉永が慌てて電話した相手の「ヤッさん」とは、京都市内で西村石油を経営する西村泰治《にしむらやすじ》である。

京都の素封《そほうか》家の息子である西村は映画俳優のタニマチだった父親の影響で、一〇代の頃から太秦《うずまさ》にある東映京都撮影所に出入りし、二〇歳で制作進行役を務める。能や歌舞伎など伝統芸能を育んできた京都は、映画に対して理解があり、タニマチやファンも多いが、西村家は並外れた贔屓《ひいき》筋だ。西村石油というガソリンスタンドを経営しながら、映画俳優たちが撮影に来ると付きっ切りで世話をしてきた。

なかでも付き人を自任する高倉健との付き合いは別格だった。その高倉と懇意の吉永小百合とも、一九七一年のテレビ時代劇「女人平家」（ABC放送）の撮影時から親しくしてきたという。

「もともとは、撮影で東京と京都を往復する吉永さんを車で送り迎えしていました。で、京都から伊丹《いたみ》空港に送っていたあるとき、本当なら豊中インターで名神高速を下りなあかんのに、尼崎《あまがさき》まで行ってしもた。それで飛行機に遅れそうになったんや。しゃあないから高速をUターンして引き返したんです。パッパラパーとクラクションを鳴らし、目の前の対向車をよけながら、逆走して飛行機の時間に間に合わせた。あのときは吉永さん、恐ろしかった思うわ。けど、それで覚えてもろてね。京都に来ると、うちの家にも泊まってくれはるようになったんです」

西村が独特の人懐こい表情を浮かべ、吉永と親しくなった経緯を明かしてくれた。かなり脚色が混じっているかと思ったら、周囲に聞いても「間違いない」と同じ話をする。西村は、大竹《おおたけ》しのぶ、宮沢《みやざわ》りえ、さらには米国のブルック・シールズとも懇意だと、テレカにしたツーショット写真を見せてくれた。

西村が高倉健を知ったのは、東映時代劇の

吉永小百合

スターだった旧知の萬屋錦之介《よろずやきんのすけ》からの紹介だったそうだ。高倉とは、優に四〇年を超える付き合いになる。西村は京都に来たときだけではなく、毎年、高倉が通い続けてきた長野県の善光寺参りにも同行し、母親思いの高倉のために九州の菩提寺《ぼだいじ》の墓参りまでしてきた。プライベート面を知る数少ない側近の一人である。

吉永と同じく、高倉健もまた京都に来ると、ホテルに泊まらず密かに西村宅で過ごしてきた。西村は高倉健のことを旦那《だんな》と呼ぶ。

「旦那ははじめ、京都市内のホテルフジタ七階のスイートルームを定宿《じょうやど》にしとったけど、いつの間にか、うちに泊まるようになりました。昔から三人の付き人がいて、二人が京都にいっしょに来ていました。旦那は彼らを東映撮影所の近くに泊め、自分はまったく別行動をとるんです。撮影のときは朝の弱い旦那が遅刻せんように僕の家から送り届けていた。そやさかい、東映の人でも京都にいるときの旦那の居所は知らへんかった思います」

西村は見るからに、思い込んだら命がけのような一途《いちず》なタイプだ。高倉健は強烈な個性の西村に惹《ひ》かれたのだろう。二人は兄弟のように気が合った。だからこそ、吉永も真っ先に西村のところへ高倉の死亡説を知らせたに違いない。

「『もしもしヤッさん、聞いてるの？　健さんが亡くなったのよ』と、吉永さんが悲しい声を出すのや。けど、俺は困ったがな。そばに旦那がいるんやさかい」

西村が当時を思い出し、笑い飛ばした。

「旦那は電話の声を聞きながら、ニヤニヤしてる。あんまり彼女に悪いさかい、『吉永さん、誰にもいうたらあかんで。旦那は今うちに隠れてはるんや』と教えてやったんです。わしの家にいるいうことが世間に知れるのはまずいけど、ちゃんと生きとる、とさすがに吉永さんだけには伝えなアカン思うたからな。で、吉永さんはそれはびっくりして、そのあとは『そうだったの、安心したぁ』というてました。あのときも旦那はひと月ほど、僕の家におりましたで」

京都の西村宅にひと月もいたとなれば、巷間《こうかん》伝えられてきたようにラスベガスでボクシング観戦をしたまま米国に滞在していたわけでもないようだ。西村はこうも補足説明した。

「ニュースでも、健さんが外国で死んだかもわからん、と伝えられたんと違ったかな。エイズ薬の会社の株がガーッと上がったで。われわれは、そのあいだずっと、京都にいてましした。マスコミにわからんよう、あちこち車で移動しながらフラフラしてましたんや。ときには、健さんが外国にいる、というニュースを蕎麦《そば》屋で笑いながら見たこともある。そうしたら、次は田中邦衛《たなかくにえ》さんから『ヤッさん、健さん（米国に）

迎えに行かへんのか』と電話がかかってきた。『なにいうてんねんな、そんなの信用したらアカンで』というてやったりしてね」

エイズ騒動の裏側

もとよりエイズ騒動は、完全なデマだ。実は、高倉健がＨＩＶ研究で有名なパリのパスツール研究所を訪ねたのは、次回作「砂の冒険者」の準備で予防接種するためだった。もっとも西村家でも、エイズの件は話題にのぼったという。西村はまたもこう笑い飛ばした。

「旦那がうちの家に泊まると、うちの嫁はんが下着を洗いよるねん。見たら、それがぜんぶ真っ赤っ赤のパンツなんよ。で、嫁はんに『おっさん、ホンマは（同性愛で）エイズなんか？』って聞いたことがあった。すると『お父さん、おっちょこちょいやな』と怒られてしまいました。『長い旅をかける男の人は、真っ白いパンツで汚れが目立つと恥ずかしいから、色パンツをはくもんや』と」

もとより高倉健自身も、映画発表の記者会見で噂を一蹴した。

「病院に行ったとか、同性愛だとか、僕にとっては馬鹿げた話です」

今も根強く囁かれる高倉の同性愛説について、西村は次のような見方をする。

「もともとは『新網走《あばしり》番外地　吹雪のはぐれ狼』（一九七〇年一二月公開東映）で六本木《ろっぽんぎ》およしという有名なオカマが出演していて、そこからなんや思います。およしと旦那があんまり演技がうまいさかい、旦那もそうなんかと疑われたのと違うやろか。そのあとも、およしは『健さーん』と呼んで、二人は仲がよかったさかいにね。それで、エイズみたいな話まで出てきたけど、ぜんぜん違う思います。男が惚《ほ》れるちうことはあるかもしれへんけど、ホンマはけっこう女好きなんやで、旦那は」

女優との浮き名

高倉健は江利チエミと離婚したのち、私生活をいっさい明かさず、禁欲、克己《こっき》主義を貫き通したと伝えられる。しかし、映画の共演女優と浮き名を流したことも一度や二度ではない。実は見合いまでしたことがあるという。

「共演した女優が惚れよるんです。『四十七人の刺客』のときの宮沢りえもそうやったし、『居酒屋兆治』のロケで大原麗子《おおはられいこ》と会っ

大原麗子

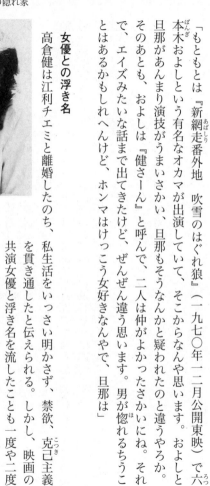

たときなんかは、冗談やのうて、『私、健サンに惚れてるの』というとった。けど、旦那は難しいところがあるさかい、よういかへん（手をつけない）。その割に、チエミちゃんと別れたあとは、見合いもしとった。（そのなかには）結婚しようと思った人もいるけど、先方に断られとった。やっぱり女にとって難しい男なんです旦那は。それだけ高倉健という名前を大事にしとったということですな」

　高倉健の別の関係者によれば、結婚寸前まで行った見合い相手は女優だという。だが、女優を辞めることが結婚の大前提とされたため、やむなくあきらめたのだとか。

　高倉健は、知人や友人の冠婚葬祭にいっさい出席しないことで有名だが、京都宝ヶ池プリンスホテル（現・グランドプリンスホテル京都）で執りおこなわれた西村の長男の結婚披露宴にだけは駆けつけている。西村が嬉しそうに述懐した。

「うちの結婚式は、高倉健、吉永小百合のカップル、中井貴一《なかいきいち》、それから小林稔侍《こばやしねんじ》、北大路欣也《きたおおじきんや》夫婦、芦川《あしかわ》よしみ、桜木健一《さくらぎけんいち》……二〇人ぐらいの役者が来てくれました。旦那はもちろん主賓《しゆひん》です。『こんな最高の日は今日で最後で、あとはずっと荒波の日が続くと思う。それを二人で乗り越えてください……』と、しびれるようなスピーチをしてくれました」

インテリ監督と飲み明かしたわけ

生前、「生きる伝説」とまで呼ばれた俳優は、高倉健をおいてほかにいない。それは徹底してみずからを秘し、その生涯の大部分が謎に包まれているからにほかならない。エイズ死亡説や男色の噂は、極端な秘密主義ゆえに絶えなかった一例に違いない。

映画界で高倉の男色説が流布《るふ》され始めたのは、実は西村のいう「オカマとの共演」がきっかけではない。もっと古く、ある深夜のツーショットの目撃談が端緒《たんしょ》だ。任侠《にんきょう》映画が当たり始めた東映時代、高倉はまだ助監督だった澤井信一郎《さわいしんいちろう》と夜な夜な六本木に出かけた。

澤井は東京外国語大学（ドイツ語専攻）を卒業して東映入りしたインテリ映画監督だ。巨匠マキノ雅弘《まさひろ》監督に師事し、一九七〇年公開の「昭和残侠伝《ざんきょうでん》　死んで貰います」をはじめ、高倉の主演作品で助監督をしたのち、一九八一年公開の「野菊の墓」や一九八五年の「早春物語」などのヒットを飛ばした名監督として知られる。その澤井の知性や感性に惹かれた高倉は、六本木の深夜スナック「ドミンゴ」で、しょっちゅう飲み明かした。

実際に高倉のそばにいた東映の関係者たちが次のように口をそろえる。

〈高倉自身は映画界に入ってアルコールを絶った。その高倉といっしょに、澤井は深夜のスナックでコーヒーに付き合ってきた。といっても、ふつうに考える深夜デートとは違い、二人の話題は映画談義ばかりだ。高倉はインテリの澤井から、どのようにしたらマキノの考えるような表現ができるか、それを盗み聞こうとした。そして夜ごと深夜喫茶で語り明かし、あくる朝、眠そうな顔をして二人が連れ立って撮影所に出社する。それが何度も重なるので、妙だという噂が東映の社内で広まった――〉

実はそれだけのことなのである。

実際、高倉健の取材を始めると、同性愛者という説を唱える者は、少なくなかった。だが、突き詰めて話を聞いていくと、まったく根拠なく唱えているケースばかりだ。離婚の引き金となる大事件を起こした、自称・江利チエミの異父姉も、ひょっとするとそこに乗じたのかもしれない。

それらのいい加減な話は、これまであまりに高倉健の実像が伝わっていなかったからでもある。

第一章　大物ヤクザがレスペクトする男

米軍兵士と大立ち回り

一九四四（昭和一九）年からおよそ一年半にわたって続いた、主にB29による爆撃で焼き尽くされた銀座、新宿、渋谷の街並みが、闇市の繁盛とともに復興の兆《きざ》しを見せ始めた頃、街の有名人たちが誕生した。

そんな銀座や渋谷界隈《かいわい》でいつしか人口《じんこう》に膾炙《かいしゃ》した人物の一人に「洗足池《せんぞくいけ》の二郎《じろう》」という明治大学の学生がいた。

その徒名《あだな》どおり本人の生家は大田区洗足池公園近くで牛乳屋を営み、親類には大物東京都議会議員や信用組合の理事長などもいる。本人も裕福な家庭に育った。明治高校から明治大学に進み、頭も冴《さ》えていたが、それ以上にめっぽう喧嘩《けんか》が強く、それが評判になる。

洗足池の二郎は明大に入学すると、応援団に入ってメキメキと頭角を現す一方、東京の花街で暴れまわった。その無頼《ぶらい》ぶりが半ば伝説のように語り継がれていく。

進駐軍の兵隊が酔っぱらってバーのホステスに絡んでいるところを見つけると、店の外に引っ張り出し、大立ち回りを演じた。——実際、二郎はやがて愚連《ぐれん》隊を結成し、地回りのヤクザやバーの酔客とも傷害沙汰を繰り返すようになる。

そのせいで洗足池の二郎は大学を追われた。代わりに銀座のバーやクラブが用心棒代わりに雇うようになった。この洗足池の二郎は、本名を直井二郎《なおいじろう》という。のちに銀座警察と異名をとる住吉一家傘下《さんか》の小林会に入り、斯界《しかい》で恐れられるようになる大物の暴力団組長である。

高倉健こと小田剛一《おだたけいち》は、明治大学で洗足池の二郎の一年先輩にあたった。直井の息子・雅宏《まさひろ》が謙遜しながら、記憶を押し開いてくれた。

「たぶん高倉さんに迷惑をかけてはいけないと思っていたのでしょう。たしかに古い友人であったと聞いていますが、父は生前多くは語りませんでした。ただ、父の亡くなった翌年から、命日になると必ず、線香が贈られてきました。高倉さんと親しかったのは本当のようです」

高倉にとって、直井は忘れられない悪友の一人である。

廃墟から復活した渋谷のエネルギー

空襲で瓦礫《がれき》の街と化した渋谷が復興の途についたのは、昭和二〇年代の半ばあたりからだとされる。道玄坂と文化村通りが合流する現在のＳＨＩＢＵＹＡ１０９のあたり、古く百軒店《ひやつけんだな》と呼ばれた三角地帯の裏手は、戦後間もなく円山町《まるやまちよう》という花街として栄えるようになった。

そこから坂を下ったセンター街の入り口は、いまや若い男女であふれ返り、世界で最も込み合う交差点として知られる。日本を訪れる外国人旅行者たちが競って記念写真を撮る、一種の観光スポットだ。もっとも、終戦間もない頃の渋谷という街のエネルギーは、現代の若者の比でなかったかもしれない。

高倉健が小田剛一として桜の開花前線とともに北九州の炭鉱町から上京したのは、まさにそんな時代だった。

日本の敗戦から四年たった一九四九年、福岡県立東筑《とうちく》高校から、貿易商になることを夢見て明治大学商学部商学科へ進学した。狭苦しい夜行の寝台列車にまる一日揺られ、東京駅のホームを踏んだ高倉は、この年の二月、戦後の学制改革で新制大学として認可が下りたばかりの明治大学に入学した。一八歳になったばかりだ。切れ長の鋭い目が印象的な顔立ちをし、ひときわ背が高い。他の明大生たちより頭一つ大きく、目立っていた。

明治大学は新たな大学制度の下、国鉄・御茶ノ水駅に近い神田駿河台《するがだい》に新たなキャンパスを建設し、学生たちの多くが大学近くに下宿し、そこに通った。だが、炭鉱育ちの新入生は、入学早々からほとんど大学に寄り付かなくなる。やがて毎日のように中央線から山手線を乗り継いで、渋谷を目指すようになった。

高倉が山手線に乗って渋谷を目指したのは、神田の学生街とは異なる空気を味わいたかったからにほかならない。渋谷は終戦後、東急グループの手によって、瞬《また》く間に復興していった。山手線の駅に降り立つと、そこには郷里の炭鉱町とはまったく異なる光景が広がっている。

駅前は闇市でひと儲けした商売人がバラックをビルに建て替え、二階建ての真新しい木造家屋が瞬く間に増えた。宮益坂や道玄坂では、三輪トラックが砂ぼこりを舞い上げながら行き交い、焼け残った駅前のビルの移築や改装工事が進んだ。空襲を免れた映画館「東宝劇場」も営業が再開された。北九州から上京した明大の新入生にとって、そんな都会の街は、まさに刺激的だった。

明大はいまでこそ早稲田や慶応と肩を並べるほど偏差値の高い私立大学だが、当時は、卒業しても就職先がない。決して人気のある大学とはいえなかった。高倉の卒業した東筑高校は県内屈指の進学校であり、東京の私大より、九州周辺の国公立大学に進学する生徒が多かった。たとえば高校時代の同級生のなかに、敷田稔《しきたみのる》という竹馬《ちくば》の友がいる。

「明大商学部に入って貿易商になる」

そう夢を語った高倉に対し、敷田はいった。

「俺は法律家を目指すけん、こっちに残るばい」

実際、敷田は検事になり、希望を叶《かな》えている。映画俳優となった高倉健は、密かに全国の刑務所を慰問するようになるが、もとはといえば、それは敷田の依頼だったという。

敷田は地元福岡の九州大学法学部に進んで司法試験に合格し、一九五六年に検事として任官した。一九八七年に京都地検の検事正、一九九一年に広島高検検事長、一九九三年には名古屋高検検事長を歴任し、法務エリートの階段を着実に踏んだ。

幼馴染《おさななじみ》の二人は終生変わらぬ親友だった。だが、大学時代はまったく別々の道を歩んだといえる。高倉自身は高校時代にボクシングに熱を上げ、成績はあまりよくなかった。やむなく東京の私学に入った珍しい生徒だったといえる。

「本人は、そげん勉強しとったほうじゃなかったしね。どこの大学でん選べるような学力もないから、行けるところがあればいい、ていう感じで明治に入ったはずです。高倉はとにかく東京に行きたか、ていう気持ちだったたて思いますよ」

そう笑うのは、四歳下の従兄弟の日高康《ひだかやすし》である。人前では当人のことを高倉と呼ぶ。日高は謎の養女と高倉を結んだキーマンの一人だが、その件は後述する。

高倉健が明大に入るに当たり相談した相手が、明大相撲《すもう》部監督の滝沢寿雄《たきざわひさお》だった。

当時の明大にも今でいう推薦枠のような制度があったのだろう。相撲の世界で滝沢はかなりの有名人といえた。ちなみに外国人力士の草分けとなる高見山大五郎《たかみやまだいごろう》が角界入りするきっかけをつくったのが、この滝沢である。たまたま高見山の体格を見込んだ滝沢が、元横綱・前田山《まえだやま》改め四代目・高砂《たかさご》親方に強く薦め、高砂親方が一九六四年のハワイ巡業のときに一九歳のジェシー・ジェームス少年をスカウトしたと伝えられる。その滝沢と小田家との関係について日高がこう説明を加えた。

「高倉の父親が滝沢先生をよう知っとったとです。それで、『明治に来んか？　それなら入れてやるぞ』って話があったて聞いています」

高倉健の実父は北九州・筑豊地域の素人《しろうと》力士として四股名《しこな》を持っているほど相撲が強く、明大相撲部の名監督だった滝沢とも相撲の縁で知り合う。父親の実兄が明大の卒業生という関係もあり、高倉も明大の入学を決めたのだという。父親の実兄は、本人にとって小田本家筋の伯父に当たる。

跋扈する渋谷の愚連隊

高倉は、いわば父親の伝手《つて》で明大に入った。いきおい相撲部に入部する。父親の血を引いているだけに並外《なみはず》れて大きな体軀《たいく》で、相撲が弱いわけがない。高校時代に夢中になったボクシングもかなり強かったし、運動神経も抜群《ばつぐん》だった。

しかし、せっかくの素質を台なしにして、相撲部の活動にはいっこうに身が入らない。恩師の期待を裏切って、相撲部に入ってもマネージャーとなり、土俵には上がらずじまいだ。一年であっさり相撲部をやめてしまったあげく、ろくに商学部の講義にも出ず、酒と喧嘩《けんか》の毎日を送るようになる。高倉健こと小田剛一は、まじめな大学生だったとはいい難い。

〈よく卒業できたと思いますよ〉

亡くなったあとの二〇一五年一二月に発行された『高倉健メモリーズ』（キネマ旬報ムック）で、学生時代の放蕩《ほうとう》ぶりについて、ほかならぬ本人が、こう吐露《とろ》している。

〈とにかく悪かったな。おとなしくしていたら同級生の間でもコケにされるから、ケンカだって聞くとまっさきにとび出すし、酒がのめないと一人前にあつかってくれない。焼酎に胡椒を入れたのをあおって、鼻をつまんで走ったりしましたよ〉

ムックでは、相撲部の先輩が通う赤線の資金づくりを強要され、そんな封建的な運動部が嫌になって部をやめたかのようにも書かれているが、それだけでもない。

大学生活より、刺激的な東京の盛り場に惹かれた。相撲部をやめた高倉は、永福町の下宿に移り住んだ。ますます神田の明大には寄りつかなくなり、放蕩暮らしがエスカレートしていった。

高倉健はアルコールをいっさい口にしないといわれる。だが、実は先天的な下戸《げこ》ではない。むしろ大酒飲みの口だった。

〈酒グセがね、悪いんですよ。モノをこわすクセがあってね〉

インタビューでもこう吐露している反面、さすがに言葉を濁している部分もある。

酒と喧嘩に明け暮れた日々は、かなり度を超えていた。高倉健はやがて渋谷の歓楽街で、「明治の小田」と異名《いみょう》をとるようになる。いわゆる盛り場の有名人だ。

前述したように、渋谷界隈《かいわい》は、円山町《まるやまちょう》をはじめとした花街が栄え、地まわりの暴力団が用心棒組織をつくり、牛耳《ぎゅうじ》ってきた。そんな盛り場で、身長一八〇センチの大きな体で暴れまわる大学生の姿には、地まわりのヤクザも一目おくほどだった。

ちなみに戦後の渋谷といえば、のちに安藤組を結成する安藤昇《あんどうのぼる》率いる「下北沢グループ」をはじめ、大学生の愚連隊が跋扈《ばっこ》していた街でもあった。「明治の小田」も彼らに近い存在だったのかもしれない。先に紹介した明大の後輩、直井二郎は、まさに高倉と一緒に遊び歩いた仲だ。

安藤昇

日本には、江戸初期の口入れ屋、幡随院長《ばんずいいんちょう》兵衛《べえ》からはじまり、幕末の山本長五郎《やまもとちょうごろう》（通称・清水の次郎長《じろちょう》）など、太平洋戦争の軍国体制の前まで、博徒《ばくと》や的屋《てきや》を束ねてきた侠客《きょうかく》と呼ばれるヤクザな組織が存在した。組織の幹部や組員たちは食うや食わずで、ろくな教育も受けることなく、貧困から抜け出そうとアウトローの世界に身を投じてきた。多くはすさんだ暮らしから脱するため、みずからの腕っぷしでのし上がってきた。

ところが終戦を境に、そこに変化が生じた。法と秩序の保たれないカオスのなかで、戦地からの引き揚げ兵が身寄りを亡くして自暴自棄になって斯界に身を落とすケースもあったし、進駐軍の米兵と結託し、一獲千金《いっかくせんきん》を夢見て法を犯すギャングや詐欺《さぎ》集団も生まれた。そんななか、腕に覚えのある現役の大学生も愚連隊組織を結成し、暴れまわった。彼らのなかには、その後、暴力団組織と一体化し、みずから幹部として頭角を現していく者も少なくない。

高倉健はまさに混乱期の刺激的な東京の真っただなかで、学生時代を過ごした。北九州の炭鉱町で育った荒くれ気質があるだけに、そこに溶け込む要素があったのかもしれない。「明治の小田」とあだ名されていたように、アウトローや不良と交わり、同じように見られていたといえる。

住吉会幹部たちとの交友

ほとんど知られていないが、この時期の高倉は、実際、本物の暴力団組長たちとも接点を持つようになっている。その一つが、終戦後に東京のネオン街で睨《にら》みを利《き》かせ、「銀座警察」と異名《いみょう》をとった、のちの指定暴力団「住吉会」の幹部たちとの交友である。

「高倉さんが、まだ明治の相撲部に籍を置いていた時代だったと聞いています、磧上《せきがみ》（義光《よしみつ》）さんの運転手をしていたのは……」

住吉会幹部の知人が多く、明大時代の高倉のこともよく知る、神奈川県のある不動産会社社長は、脳裏の隅にある半世紀以上も前の記憶を呼び起こしてくれた。

「磧上さんは、住吉一家三代目総長の阿倍重作《あべじゅうさく》さんのあとを継いだ、その世界の大物でした。高倉さん本人がヤクザになりたかったわけではないでしょうけど、磧上さんの目に留まり運転手のようなことをしていたのは、知る人ぞ知るところです。のちの住吉会の幹部では、直井（二郎）さんが、高倉さんにとって明大の一年後輩に当たる。それで、高倉さんと直井さんが学生時代に親しくしていたのです。当の直井さんがそう話していましたから、間違いないでしょう」

磧上義光は、単体の組組織だった住吉一家を発展させ、関東の暴力団を束ねる連合組織に拡大した、住吉会中興の祖として知られる。また、直井二郎は明治高校から明大に進み、高倉と同じく、学生の頃から新橋や渋谷の盛り場を根城《ねじろ》にして暴れまわった。直井はそこから暴力団の世界に足を踏み入れ、直井組を結成する。直井組は住吉連合会の直系二次団体である「小林会」の傘下《さんか》に入る一方、直井自身はインテリ・ヤクザとして手腕を発揮し、住吉連合会の理事長にまでのぼりつめた。

「直井さんはヤクザになってから、世田谷の等々力《とどろき》にある建設会社をスポンサーにして資金力を蓄えていったようです。そうして住吉会のなかで力を付けていったと思います」

先の不動産会社社長が、そう言葉を足す。

「やはり資金が潤沢《じゅんたく》だったから、できたのでしょうね。直井さんはその一方で、母校である明治のことも忘れなかった。明大応援団ＯＢには『紫紺《しこん》の集《つど》い』という懇親会があって、直井さんのところにも毎年、団旗のレプリカが届くのですが、それを組事務所に飾っていました。また大学の関係で、明大野球部の監督だった別府《べっぷ》隆彦《たかひこ》さんなんかも、ずいぶんバックアップしていました」

ちなみに直井組の上部団体に当たる小林会の初代会長・小林楠扶《こばやしくすお》は、国際興業社主の小佐野賢治《おさのけんじ》や右翼の大物・児玉誉士夫《こだまよしお》の用心棒として、戦後の政財界で暗躍してきた人物だが、実は高倉健とも奇縁がある。

高倉健の死後、新聞、テレビ、雑誌が、さまざまな角度から本人の経歴を紹介していたなかで、ジャーナリストの伊藤博敏《いとうひろとし》は「週刊ポスト」で、住吉会最高幹部の話として、次のようなエピソードを紹介している。

〈健さんは住吉会系組織の大幹部の泥谷直幸《ひじやなおゆき》さんの自宅に居候《いそうろう》していた。やくざになるわけではないが、仕事もカネもなかったから、面倒見のいい泥谷さんに拾ってもらって、住まわせてもらってたんでしょう。

私は高校卒業（五五年）後すぐに泥谷さんと親しい親分の家に住み込み、泥谷さんの家には犬の散歩に行くことが日課だったんで、しょっちゅう健さんと顔を合わせました。長身で二枚目でオーラがあるから目立ちました……〉（二〇一五年二月六日号）

高倉健は一九五四年三月、無事に明大を卒業した。したがって住吉会幹部の目撃談が事実とすれば、それは卒業してから一年以上経ったあとのことになる。この時期の高倉健については、別の住吉会幹部との深い交わりがあった。

この頃の本人は自堕落《じだらく》な大学生活を送っていながら、すぐにでも結婚したいと心に決めた恋人までいた。しかし、ただでさえ就職難の時代に加え、大学にも行かない放蕩ぶりだから、就職先があるわけもない。そうして選んだ道が、俳優だった。否《いな》、選んだというより、たまたま出会ったといったほうが妥当だろう。

美空ひばり事務所の「面接」

「高倉が昭和二九（一九五四）年に大学を卒業し、私は三〇年の四月に明大に入りました。だから、ちょうどすれ違いではありますけど、本人は一年間、就職浪人をしとったとです。あん当時は、就職先がないのがごく当たり前のことやったけね。池田勇《いけだはや》人《と》総理の高度経済成長が始まるんが、昭和三五年からですけん、そのずっと前です。普通でもなかなか就職できんかった」

幼馴染でもある先述した日高は、あくまで郷里の従兄弟をかばう。日高自身も高倉のあとを追うように、北九州から上京して明大に入学したが、高倉が就職浪人していたあいだは郷里でいっしょに過ごしていたともいう。

先のムック『高倉健メモリーズ』によれば、いったん帰郷した高倉は、〈父がはじめた採石業の仕事を手伝い始めたが、半年後には家出同然に上京した〉と、本人の言葉としてこう書いている。

〈このままではダメになっちゃうんじゃないかって気がして。（採石業で）集金した金を持ってたんで、そのまま汽車にとびのっちゃった〉（カッコ内引用者註）

もっとも高倉が再び上京した真相は別にある。両親から意中の彼女との結婚を反対され、突発的に家を飛び出したようだ。恋人のあとを追って再び東京に戻ってきたとも書かれている。滅多《めった》にマスコミに登場しない高倉がそう告白するくらいだから、結婚を反対されたショックは相当大きかったのだろう。

再び東京にのぼった高倉は、明大の後輩の下宿に転がり込んで職探しをしていたという話が定説になっている。だが、事実は少し異なり、そればかりではないようだ。伊藤が書いた「週刊ポスト」の住吉会幹部の目撃談によれば、転がり込んだ先は泥谷宅で、〈健さんが〝俳優座養成所に通っている〟と話していたことを覚えています〉となる。この証言が、日高や関係者の話した東映のニューフェイスとして入社した時期とほぼ一致するが、それとはまた別の話もあり、そこは後述する。

明治大学を卒業して、ほぼ一年後、一九五五年の春のことだ。再び上京してもいっこうに職が決まらなかった高倉は、さすがに焦《あせ》ったのだろう。そのあたりについては、本人が次のように語っている。

〈俳優になろうと思ったのはお金がほしかったからです。恋をした人がいて、その人と暮らすためにお金が必要でした〉

二〇一二年八月に初版が発行された野地秩嘉《のじつねよし》による『高倉健インタヴューズ』（プレジデント社）では、こう書いている。

〈大学を卒業して二年目。知人に新芸プロという事務所を紹介してくださる方がいて、マネジャーになろうとしたんです。（美空）ひばりちゃん、大川橋蔵《おおかわはしぞう》さん、錦ちゃん（中村錦之助《なかむらきんのすけ》）がいたプロダクションでした。事務所を紹介してくださる方とある喫茶店で会った〉

本人はその名を明かしていないが、職探しに困った高倉に、大スターの所属する芸能事務所を紹介してくれた〈ある方〉というのが、明大の恩師である。高倉は、またしても父親の伝手を頼ったのだった。

「こんとき高倉の相談したんが、明大相撲部の滝沢監督でした。これが、俳優になるきっかけになるんです」

従兄弟の日高がそう打ち明ける。明大相撲部監督の滝沢が、運よく新芸プロの経営者と旧知の間柄だったというのだ。

「滝沢先生の知り合いだという美空ひばりの事務所の方は、たしか福島《ふくしま》さんいうたと思います。滝沢先生が高倉に『俺が福島さんに頼んでみるから』ていわんしゃって、連れていったとです。ただ、面接ちいう、そげな大袈裟《おおげさ》な話でのうて、『募集があるんなら雇ってもらえんだろうか』という程度だったと聞いています。このときは俳優ではのうてね。事務員にどうか、いう話でした」

美空ひばりの所属していた新芸プロは、正式名称を「新芸術プロダクション」といい、福島通人《つうじん》という芸能プロデューサーが経営していた。福島は両国国技館の座布団運びから身を起こし、戦前に東京に進出した吉本興業に入社して、芸能プロデューサーの道を歩み始めた。終戦二年後の一九四七年、オープンしたばかりの横浜国際劇場の支配人となり、そこで美空ひばりと出会う。

一〇歳になったばかりの天才少女の歌唱力に惚れ込んだ福島は一九五一年、彼女をスターにしようと、プロダクションを旗揚げした。その狙いが的中し、やがて新芸プロに、のちの大スターが集まるようになる。美空ひばりのほか、中村錦之助や大川橋蔵などが所属し、新芸プロダクションの興行は次々とヒットを飛ばした。やり手の福島は江利チエミや雪村《ゆきむら》いづみを加えた「三人娘」のイベントまで仕掛け、まさに飛ぶ鳥を落とす勢いだったといえる。

その新芸プロが、事務員兼マネージャー見習いの職員を募集していた折も折、明大の滝沢が高倉から泣きつかれ、就職先として斡旋《あっせん》して、「面接」と相成《あいな》ったというわけである。そこも、いわば父親のコネだ。恋人と暮らすためと言いながら、本人としては反対された結婚をごり押しできなかったのかもしれない。俳優の道が開けると同時に、いつしか結婚話も立ち消えになってしまう。

「そこの若いの、だれ?」

美空ひばりを看板スターに抱える新芸プロの「面接」は、東京・京橋にあった東映本社の喫茶店でおこなわれた。このときの偶然が高倉の運命を決定づける。東映の重役がたまたまそこに居合わせ、スカウトされた——。

映画界では、高倉健が映画の世界に入ったきっかけについて、なかば伝説的にそう語られている。

「そこの若いの、だれ?」

新芸プロの福島の前で緊張し、かしこまっている高倉のそばを通りかかった東映の幹部が立ち止まり、そう声をかけた。それが高倉健誕生のきっかけとなったのは、間違いないようである。

ただし、東映にスカウトされたそのあたりの経緯については、関係者の記憶がけっこう曖昧《あいまい》だ。たとえば九州に住む高倉の実妹、森敏子《もりとしこ》はこういった。

「もう、滝沢先生も亡くなられたのでようわからんけども、東映の偉い人から声をかけられたて聞いたように思います。富司純子《ふじすみこ》さんのお父さんが、たまたま面接の場所におらっしゃった、と記憶しています」

敏子のいった富司純子の父親とは、東映の任俠《にんきょう》映画でいち時代を築いた大物プロデューサー、俊藤浩滋《しゅんどうこうじ》のことを指している。たしかに俊藤は、映画俳優高倉健の育ての親である。だが、俊藤が東映入りしたのは、高倉よりもっとあとのことなので、時期的にスカウト話はありえない。

生きる伝説とまでいわれた銀幕スターを発掘した功労者は誰か。――そういう話だから、東映のなかでも長く、さまざまな説が取り沙汰されてきた。

高倉健の誕生について、詳しく知る東映の古参プロデューサーがいる。数々の高倉作品を手掛けてきた名プロデューサー、吉田達《よしだとおる》だ。高倉と四つ違いの一九三五年五月生まれ。製紙会社の四男として生まれた吉田は、家業を継ぐ義務もなく、慶応義塾大学文学部仏文科に通い、大学時代から映画にのめり込んだ。東映のなかでも高倉自身と最も近い映画関係者の一人といえる。その吉田がシニカルにこう語った。

マキノ雅弘（右）

「世間では、だいたいマキノ光雄《みつお》さんが健さんを見つけたってことになっています。けど、岡田《おかだ》（茂《しげる》）さんは、そうはいわない。『それは俺だよ、達。喫茶店でな、おまえ、いま何やっとんや、って声をかけたんだ』と長いことそういっていました。今になってみたら、細かいことはわからないから、本当のところは判然としません。けれど、僕は岡田さんが健さんを喫茶店で見て発掘した、そこが最初だと思うんです。それで、その次に老巨匠のマキノ監督が健さんを見てね、『これは絶対モノになるで、岡ちゃん』と太鼓判を押したんだと思っています」

東映には二人のマキノがいたので、混乱しやすい。兄が監督のマキノ雅弘、弟が専務のマキノ光雄だ。二人とも映画界では知らぬ者がないほどの著名人である。

マキノ兄弟は、日本初の映画監督、プロデューサーで、「日本映画の父」と謳《うた》われた牧野省三《まきのしょうぞう》の長男と次男として、京都に生まれた。兄の雅弘は本名を牧野正唯《まさただ》といい、父親の興した「マキノ・プロダクション」で撮影部長などを務めたのち、事務所の経営を引き継ぐ。そのかたわら、実に二六一本もの映画を監督、製作し、日本映画の黄金時代を築いた、文字どおりの巨匠である。

一方、弟の光雄は母方の姓を名乗り、本名を多田光次郎《ただみつじろう》といった。戦前・戦中は、日活や松竹をわたり歩き、もっぱら映画プロデューサーとして名を馳《は》せていった。

マキノ兄弟と東映との関係は終戦一年後、東急電鉄創業者の五島慶太《ごとうけいた》が設立した東横映画に移籍したことから始まった。東横映画は間もなく東映と改称し、初代社長に東急電鉄の経理担当重役だった大川博《おおかわひろし》が就任、マキノ光雄が常務・専務と会社の屋台骨として経営を支えるようになる。次期社長確実といわれたが、それを目前にして急逝《きゅうせい》してしまい、代わって岡田茂が大川の後継社長になる。

高倉健が東映入りしたとき、すでに巨匠の域に達していた兄とともに、マキノ兄弟が東映で映画の製作を担い、東映は瞬く間に日活や東宝をしのぐほどの映画会社に成長していった。父・省三の育てた阪東妻三郎《ばんどうつまさぶろう》や嵐寛寿郎《あらしかんじゅうろう》に代わり、マキノ兄弟が抜擢《ばってき》した中村錦之助や大川橋蔵といった若手のスターたちが、戦後の東映時代劇の隆盛をもたらしたといえる。このマキノ兄弟が高倉健に一目ぼれしたのは間違いない。

そして繰り返すまでもなく、吉田のいった「岡田さん」「岡ちゃん」は、マキノ光雄の亡くなったあと、東映の二代目社長として黄金時代を築いた岡田茂のことだ。

一方、吉田は優に一〇〇本を超える高倉健の主演作品を手掛けてきた。フランスのギャング映画に精通するプロデューサーとして名高い。東映入りすると、みずから東京撮影所配属を希望し、映画製作の道を歩み始めた。とりわけ東映の内情に詳しいその吉田が高倉をめぐる社内の人間関係を説明してくれた。

岡田茂

「世間や東映社内では、マキノさん、岡田さん、俊藤さん、どの人たちも高倉健を育てたというふうになっています。みなそう言いたいし、たしかにそういう面はあるでしょう。しかし健さんとは、それぞれ別々に接していたはずです。一番先に見つけたのが、マキノ光雄さんと、当時その下で働いていた岡田さん、その次にマキノ雅弘さんという監督、あとから俊藤浩滋さんが東映に入ってきて、健さんをスターに押し上げたという順番でしょう」

この高倉健のスカウト論争については、当の本人がこう語っている。

〈偶然当時、（喫茶店に）東映の専務だったマキノ光雄さんがいらした〉（『高倉健インタヴューズ』）

例によって詳しくは語らないが、その言葉どおり高倉健を最初に見た人物は、東映の専務だったマキノ光雄に違いない。

だが、親族や本人と極めて近かった映画関係者たちのあいだでは、誰が高倉の才能を見出したのかという話になり、そこについてはいまだ首を傾《かし》げ、決着がつかない。喫茶店にはマキノの部下だった岡田も同席していたのではないか、吉田などはそう考えている。岡田はのちに東映の任侠映画路線をめぐって高倉と対立するが、映画界入りするに当たり、相当深く関係しているのも事実である。

念のため、従兄弟の日高にも高倉健がスカウトされたときの様子を尋ねてみると、こういうのみだった。

「高倉が運がよかったのはたしかですね。美空ひばりの事務所の『面接』を受けたその年（一九五五年）の六月くらいに東映に入って、六本木にある俳優座の養成所に通い始めていました。新人はみな、あそこで研修するんですけど、それで半年も経たない一一月に主演としてデビューした（筆者註：撮影に入った）のですからね。最初の映画は沖縄空手の『電光空手打ち』、それに続いて『流星空手打ち』。僕も明大に通っているあいだは、連絡をとり合っていましたので、よく覚えています」

東映は、当の本人にとってようやく見つけた就職先だ。

〈意外なんてもんじゃない。青天の霹靂《へきれき》ですよ。口ベタのオレが役者っていうんだか

ら。でも、食うに困ってたしね。金になるんだったらって決めた〉

キネマ旬報ムック『高倉健メモリーズ』では、そうも語っている。それも本音だろう。だが、入社早々、主役として抜擢されるケースなど、そうそうあるものではない。高倉は、このうえなく恵まれた環境で、俳優人生をスタートさせた。それは疑いようがないが、そこには異なる理由があったようにも感じる。

デビュー作の主演映画「電光空手打ち」の高倉健のギャラは、税込みで二万円だった。むろん本人には何の不満もなかった。

東映社長が発掘した「不良性感度」

マキノ兄弟に、岡田茂、それにのちに東映入りする俊藤浩滋……錚々《そうそう》たる日本映画界のビッグネームがみな、学生時代に放蕩を繰り返し、就職すらままならなかった小田剛一のことを、高く評価した。彼らは、高倉のどこに惚れ込んだのだろうか。

礼節を重んじ、義理を欠かさないとされてきた高倉健は、その半面、単なる優等生にない不良性を秘めている。東映の重鎮《じゅうちん》たちは、そこに共鳴したように思えてならない。

生来、映画人には、みずから破天荒《はてんこう》な人生を送ってきたり、突拍子もない発想をして周囲を驚かせてきた成功者が少なくない。たとえばマキノ兄弟の弟、光雄の生い立ちや少年時代の行動は、なんとなく高倉と似ている。

父・省三は、女義太夫《おんなぎだ》《ゆうし》師だった祖母とともに劇場「千本座」を運営し、そこから日本初の映画監督となった。若くして父親の後継者と目され、マキノ・プロダクションの経営を任された長男の雅弘とは異なり、次男の光雄はかなり奔放《ほんぽう》に育っている。

光雄は郷里の京都で同志社中学に入学するも、素行の悪さから退学処分となって、東京にのぼる。高倉健こと、小田剛一も次男だからこそ、家出同然で郷里を離れることができた。家出したマキノ光雄はこのとき、マキノ・プロダクションの売り上げをネコババし、銀座あたりで飲み歩いていたという説もある。

そんな元不良少年だけに、渋谷の繁華街《はんかがい》で鳴らした高倉と相通じるものがあったのではないか。マキノ光雄はほかでもない、高倉健という芸名を授けた名付け親といわれる。

そして東映で、時代劇路線から任侠路線へと舵を切り大成功させたのが、マキノ光雄の部下だった岡田茂である。高倉健より七歳上の一九二四（大正一三）年三月二日、広島生まれ。映画館を経営する裕福な家庭に育った岡田は、少年時代から身体が大きく、喧嘩がたいそう強かったという。それでいて東京帝国大学経済学部に進んだ。東大時代に学徒出陣した経験もある戦中派だ。

岡田は身長一八〇センチと、高倉健と肩を並べる長身であった。それに加え、俳優ばりの甘いマスクも、映画界では評判になった。急逝した大川博の後継者として二代目社長に就いた、文字どおりの中興の祖である。息子の裕介《ゆうすけ》は俳優になり、そこから父親のあとを継いで東映の社長・会長になる。

岡田は東大卒のエリート幹部でありながら、スクリーン上の暴力やエロチシズムを好んだ映画人として知られる。

人間は、とおり一遍の道徳や倫理観では語り尽くせない危うさや怖さ、一見すると悪にしか見えない陰の部分にこそ、本性が現れる――。岡田は「映画には『不良性感度』が欠かせない」と独特の表現をして映画製作の陣頭指揮をとり、ヒットを連発させた。人間に潜む「不良性感度」を前面に打ち出して映画づくりに取り組め、そうでないと映画は当たらない、というのが口癖だ。高倉は、岡田の「不良性感度」を表現する演技者としてピタリと当てはまる俳優だったのだろう。

この岡田や高倉健、鶴田《つるた》浩二《こうじ》などと親しく、東映のことに詳しい映画人がいる。日本大学藝術学部映画学科卒業後、キネマ旬報編集長を経て角川映画の社長まで務めた黒井《くろい》和男《かずお》である。

「俺が岡田さんと知り合ったのは、俺の親分の上森子鉄《かみもりしてつ》からの紹介だったな。上森は日本の裏方を仕切る右翼の総会屋で、戦後すぐに古川《ふるかわ》ロッパ劇団の社長をやって、芸能の世界にもすごく顔が利いていたんだ。それで俺はロッパが東映の撮影所に行くとき、いっしょについてって岡田を引き合わされたんだよ。あの上森が、まだ製作課長だった岡田茂をずいぶん可愛がってたな」

黒井は「南極物語」や「犬神家《いぬがみけ》の一族」など数々のヒット作を企画し、斯界で知られた映画プロデューサーでありながら、大物総会屋の上森に師事するなど、アウトローの世界にも通じている。一方、東映の岡田も黒井と同じタイプの映画人だ。東映の任侠映画路線は、この岡田と、岡田が東映に引き入れたプロデューサーの俊藤浩滋抜きには語れないが、俊藤については、章を改める。

大物組長との再会

これまで書いてきたように、「明治の小田」と、ヤクザの組長からも一目おかれた高倉健は、住吉会幹部たちとの交友があった。住吉会は、いまでこそ山口組と並ぶ日本屈指の指定暴力団として反社会勢力に位置付けられているが、戦後の混乱期には、警察に代わって東京の繁華街で暴れまわった不良外国人と対峙《たいじ》してきた。前述したように住吉会系小林組をはじめ、彼らには「銀座警察」と呼ばれた時期もある。

東映のプロデューサーだった吉田が、次のような秘話を明かしてくれた。

「健さんは、東映の第二期ニューフェイスとして入ってきたとき、瓦井《かわらい》（孝房《たかふさ》）さんという銀座警察の上級幹部の家に下宿していました。そのあと瓦井さんは、銀座警察が海外進出を目論《もくろ》み、フィリピンのマニラに支部をつくるため、日本の代表として向こうへわたりました。銀座警察では、ベニグノ・アキノが大統領になるという見通しを立てて、アキノに接近していたのです。でも、当のアキノがなかなか大統領にならない。そうこうしているうち、瓦井さんはアキノと親しくなった。滞在していたホテル・マニラの部屋で、アキノといっしょに海を眺めて暮らしていたそうです」

瓦井はそのまま、フィリピンにとどまった。そこで遭遇したのが、一九八三年のアキノ暗殺事件だという。八月二一日、米国帰りのアキノがマニラ国際空港で暗殺され、事件後にコラソン夫人が大統領に就任したのは周知のとおりだ。このとき瓦井は、夫人の相談相手になったという。吉田が続けた。

「瓦井さんが、マラカニアン宮殿に呼ばれて行くと、アキノ夫人から『私じゃできないことがある。瓦井さん、手伝ってください』と頼まれたというのです。それがフィリピンに対する日本からの寄付集めでした。そうして銀座警察が、日本から五〇台の消防自動車と三〇台の救急車を調達したと話していました」

吉田は一介の映画プロデューサーに過ぎない。なぜ、そんなことまで知っているのか、とも吉田に尋ねてみた。すると、「あんまりいいたくないのですけどね」と苦笑いしながら、その理由は、「当時の映画人たちが、こうした裏稼業の人脈と通じてきたからだ」と告白してくれた。

「銀座警察の瓦井さんの大親友が、のちに東映の俳優になる安藤組組長の安藤昇さん、それにもう一人、児玉誉士夫の右腕として知られた右翼の大立者、岡村吾一《おかむらごいち》の倅《せがれ》の達親《たつお》さん。彼は大映の宣伝部から日本企画という会社に移り、日本キックボクシング連盟の会長にもなった。東映でこの三人を知っているのが、僕だったんです。彼らが三人で集まると、『達ちゃん、来たぜ』と声をかけてくれてね。みな人間はいいんですよ」

ベニグノ・アキノ

高倉健と瓦井との交友についても、こう話した。
「そんな縁があり、瓦井さんが、東映の岡田さんを通じて佐藤正之《さとうまさゆき》という俳優座の代表に頼んで、高倉健の面倒を見てもらったんです。俳優座が大借金を抱え、それを東映が救ったような時期でしたから、断れない立場でした」

前述したように、高倉健を発掘した最初は岡田茂だと吉田が話したのは、こういう経緯を知っているからにほかならない。俳優デビューしたばかりの高倉健のところへ、瓦井の配下が陣中見舞いにやって来ることもあったという。吉田がそのときのエピソードを教えてくれた。

「傑作な話がありましてね。瓦井さんの下で偉くなったヤクザが、撮影所に訪ねてきた。そのときオールド・パーを手土産に持ってきたんです。でも健さんが禁酒しているのを知らない。それで、『健さんは、酒なんか飲まないよ』というと、驚いていました」

瓦井のところで厄介《やっかい》になっていたときの高倉は大酒飲みだったから驚いたという話だ。吉田はこうもいった。

「とにかく、高倉健の克己心はすごいんです。本当はかなり飲める。だけど、大学時代に大暴れしたので、酒乱で何かを失っちゃいかんから酒をきっぱりやめた。それを徹底し、自戒してるんでしょう」

もっとも、ときには飲むこともあった。中国でも大ヒットした一九七六年二月公開の大映映画「君よ憤怒《ふんど》の河を渉《わた》れ」に共演し、彼の地を訪れた俳優の原田芳雄《はらだよしお》もまた、同じようにオールド・パーを高倉の控え室に持って行ったらしい。吉田はそのときのエピソードを付け加えるのも忘れない。

「それで、あとから原田芳雄が『吉田さん、健さんは酒飲まないっていわれているけど、オールド・パーを二人で空けちゃったよ。飲めるんじゃない』っていうのです。だから、『芳雄さん、飲まないってことになってんだから、それ口外したらダメだよ』と、くぎを刺しておきました」

中国なので安心して禁を解いたのかもしれない。高倉健も海外に行くと、さすがに羽を伸ばした。

原田芳雄

話を戻そう。実はプロデューサーの吉田達は、フィリピンで暮らしてきた瓦井と、高倉の亡くなる五年ほど前に再会したという。そのときのことが忘れられない、とこう言葉を継いだ。

「瓦井さんから『達ちゃん、いま帰国しているので会えないか、ホテルニューオータニにおるんやけど、来てもらえないかな』と突然、連絡が入ったのです。それで行ってみると、ずいぶん齢《よわい》を重ねていてね。『もう俺はボロボロや。いつ死ぬかわからん。だから、死ぬ前にもういっぺん、健ぼうに会いたいんや。お願いできんかな……』、そう頭を下げるんです」

終戦間もない頃、新橋や銀座のネオン街で銀座警察として不良外国人相手に暴れまわった瓦井は、まるで人が変わったように好々爺《こうこうや》になっていた。吉田は是が非でも瓦井の願いを叶《かな》えたかったのだという。

吉田はすでに映画界から身を引き、高倉とも交際が途絶えていたが、後輩プロデューサーを通じて高倉に瓦井の話を伝えることができたようだ。伝言した五日ほどのち、当の瓦井から吉田に丁寧な電話がかかってきた。

瓦井はか細い涙声でこう話したという。

「達ちゃん、ありがとう。昨日の夜一二時すぎだな、来てくれたんや、健さんが……」

呼び名はかつての「健ぼう」という愛称ではなく、「健さん」になっていた。瓦井も高倉健の一ファンになっていたのだろう。

高倉健は暴力団幹部の家に下宿しながら、六本木の研修所に通って俳優人生をスタートさせた。だが、華々しくスクリーン・デビューしたはずの主演作品は、さっぱり当たらなかった。その理由について、プロデューサーの吉田はこう分析した。

「それは、東映にまだ、俊藤浩滋がいなかったからでしょう」

高倉健にとって最初の代表作となる「日本侠客伝」の公開までには、少し時間がかかった。だが、売れなかったこの時期、人生を大きく変える出来事が起きる。江利チエミとの出会いである。

第二章　先祖に祈る男

菩提寺にかかってくる電話

筑豊《ちくほう》の田園を悠然と流れる遠賀川《おんががわ》は、福岡県の英彦山《ひこさん》や冷水峠《ひやみずとうげ》を源流とし、玄界《げんかい》・響灘《ひびきなだ》に注ぐ。川筋と呼ばれる北部九州の男たちの荒っぽい気質の語源ともなっている。

その遠賀川中流のほとりに、鬱蒼《うっそう》と竹藪《たけやぶ》の茂った小さな山がある。どこから入ればいいか迷うような山の小道に分け入ると、日中なのに薄暗い。踝《くるぶし》付近まで埋まる枯れ笹を踏み押さえながら、細い坂道をのぼった。

しばらく歩くと、道の両脇に苔《こけ》むしたような古い墓石が見えてきた。天に向かって伸びる背の高い竹林が、それらの墓碑を包み込み、まるで墓を守っているかのようだ。一〇分近く歩いただろうか。道の奥に広がるひときわ大きな墓地を、寺の住職が指さした。

「あそこです、小田本家のお墓は」

一二〜一三畳ほどの広さがある墓地には、一〇ほどの墓石が鎮座《ちんざ》していた。近づいてその一つを見ると、江戸天保《てんぽう》末期の筑前《ちくぜん》歌人、小田宅子《おだいえこ》の詩が刻まれている。宅子は筑前の国学者、伊藤常足《いとうつねたり》の門人としても知られる。墓について住職が説明してくれた。

「山のなかなので、すぐに笹が積もってしまいますけど、小田家の方々は、ここへも墓参にいらっしゃいます。ご本人からも、生前、お盆前になると、決まって『小田剛一です、供養《くよう》をお願いします』と電話がありました」

繰り返すまでもない、電話の主が高倉健である。竹林にひっそりとたたずむ石碑は、知られざる小田本家の墓だ。

一九三一（昭和六）年二月一六日、石炭の採掘で栄えた現在の福岡県中間《なかま》市に生まれた高倉健こと小田剛一は、ことのほか郷里を愛し、家族や親族、そして祖先を大切にしてきた。小田家は、生地の筑前上底井野《かみそこいの》村（現在の中間市上底井野）という遠賀川沿いのこの地で、江戸時代初期から小松屋という屋号で両替商を営んできた。いわゆる豪商だ。底井野にある小田家の菩提寺《ぼだいじ》が、この地にある浄土宗「正覚寺《しょうがくじ》」であり、二六代目の当代住職を訪ねると、本家の墓を案内してくれたのである。

正覚寺の歴史は古く、さかのぼれば平安時代から続いていると言い伝えられる。記録で確認できるもので調べると、一六一六年、大坂夏の陣の翌元和《げんな》二年に建立《こんりゅう》されているという。住職が歴史を説いてくれた。

「平安時代のことは、江戸時代のいろんな書きつけに残っています。平安時代の寺から、ここへ移ってきたのが大坂の陣の翌年ということのようです。それ以前は、ずいぶん寂《さび》れていた寺のようで、江戸時代になって信空上人《しんくうしょうにん》という方がここへ移ってきて、寺を再興されました」

正覚寺の裏手に茂る竹林の山に、江戸時代に建立された小田家先祖代々の墓があり、それとは別に高倉の両親たちが寺の境内《けいだい》の墓で静かに眠っている。信心深い高倉は、盆になると、毎年欠かさず、正覚寺の住職に両親だけでなく本家の供養《くよう》まで頼み、布施《ふせ》も忘れなかった。

黒田藩お抱えの両替商

徳川家康《とくがわいえやす》による開幕とともに豊前《ぶぜん》・中津藩から国替えを命じられた黒田《くろだ》長政《ながまさ》は、外様《とざま》ながら五二万石の大大名として北部九州地方を治めた。当主である長政の最初に手がけた一大事業が、遠賀川の治水《ちすい》である。

もともとまっすぐの川道で流れが速く、水害の絶えなかった遠賀川を緩やかに蛇行《だこう》させようと、地面を掘って本流をつくりかえた。その大事業の要所が、正覚寺のある上底井野村だった。長政は、現在の北九州市八幡西区《やはたにしく》黒崎方面から、九州の幹線道であった長崎街道につなげる最短ルートとして「底井野往還」を整備し、このあたり一帯を藩主の保養地とした。

おかげで底井野は栄え、大きな商家が数多く集まった。その豪商の一つが、小田家の経営した黒田藩お抱えの両替商「小松屋」だったのである。

正覚寺の住職が底井野の特徴について、こう解説してくれた。

「私たちは黒田藩の御茶屋と呼んでいますが、ここらは黒田家の別荘があったところです。底井野はお殿様が城を出られて逗留《とうりゅう》する、今ふうにいえばレクリエーションの場所でした。黒田藩の御茶屋は、ここだけでなくほかにもあったはずですが、藩主が鷹《たか》狩《が》りなどハンティングをする猟場、公的な役所として存在していたのです」

往還の要所である底井野には、代官所や郡屋《ぐんや》もあった。郡屋とは郡役場の詰め所である。住職が補足した。

「往還は、街道よりワンランク下の狭い道とされていますが、藩主がやって来る底井野は、けっこう賑《にぎ》わってきたのでしょう。だから小松屋という両替商をされていた高倉健さんの小田家も、ずいぶん富を蓄えられたのだと思います。子どもたちが教育を受け、小田宅子さんのような女流歌人が生まれていますから。ちょうど小田家のあった通りは、商売をされている大きな家が立ち並んでいて、古い屋号もいくつか残っておりました」

筑前歌人の小田宅子については、田辺聖子《たなべせいこ》が小田家の系譜をめぐりながら、『姥《うば》ざかり花の旅笠――小田宅子の「東路日記《あずまじ》」』（集英社文庫）に書いている。

〈宅子さんは養嗣子《ようしし》の夫清七《せいしち》を支えて家業にいそしみ、「家 益 富《ますます》ムとある。内助の功があったのであろう。宅子さんが十八歳のとき弟清七郎《せいしちろう》が生れたので、弟の成人後、家を譲り、すぐ横に新家を建ててそこへ引っ越し、醤油醸造業を始めたという。こちらの屋号も〈小松屋〉だった〉

嫡男《ちゃくなん》が家督を継ぐ家長制度のもと、姉の宅子は、いったん養子を迎えて家を継ごうとしたが、のちに弟が誕生して、家業の両替商を継いだ。そのため、みずからは家を出たという話だ。小田家では代々当主が「清七」の文字を付けるしきたりになっており、宅子の入《い》り婿《むこ》は「清七義且《よしかつ》」、あとから家業を継いだ宅子の実弟は「清七郎義《よし》広《ひろ》」と名乗った。

小田家は封建制度下の江戸時代の商人でありながら、苗字帯刀を許されていた、と正覚寺の住職はいった。

「教科書では、江戸時代に庶民は苗字を名乗れなかったとなっていますけど、正式に名乗れなかっただけで、通称として苗字を名乗っていたはずです。うちの江戸時代の過去帳は、曾祖父《そうそふ》のときに火事で一部が焼けてしまい、お位牌《いはい》からつくり直したので漏れが多いですけど、小田家の姓は、きちんと書かれています。うちと小松屋さんとは、それほど古いお付き合いです」

先祖への思い

高倉健は、こうした祖先の歴史にいたく関心を示し、みずからも調べてきた。野地《のじ》秩嘉《つねよし》による『高倉健インタヴューズ』では、こう語っている。

〈月刊文芸誌の「すばる」に「姥ざかり花の旅笠――小田宅子の『東路日記』」という話が連載されています。書いてらっしゃるのは田辺聖子さんで、挿画は福山《ふくやま》小夜《さよ》さんです。それは僕の五代前の先祖が残した日記を題材にしたものなんです。主人公の小田宅子は、天保時代（一一年：一八四〇）に、九州から長野の善光寺、そして江戸まで旅をしてるんです。そのときの年齢が五二歳〉（カッコ内も原文のまま）

高倉健は毎年二月に長野県の善光寺参りを欠かさなかったが、その善光寺参りは小田宅子に倣《なら》ったもので、『東路日記』を読んで感銘を受けたからにほかならない。本人もこう述べている。

〈うちのおばあさんは楽しそうに旅をして、途中で土産《みやげ》も買って、それもまた九州の家に送って……。（中略）

若き日の高倉健

ぼくはすべてを了解した。理屈ではなく、祖先の霊とぼくの魂が呼び合っていたのかもしれない。宅子おばあさんとぼくが善光寺を通して結ばれていたのだ〉

小田家の菩提寺、正覚寺の境内にある墓には、実父の敏郎《としろう》、実兄の昭二《しょうじ》、実母のタカノの三人が永眠している。その墓は、昭二と高倉が二人で建立したという。墓碑を見ると、没した年は、敏郎が昭和五〇（一九七五）年一一月三〇日で享年《きょうねん》八〇、昭二が昭和六二（一九八七）年一二月一七日で享年六一、タカノが平成元（一九八九）年七月一九日で享年九〇となっている。

小田敏郎は地元の教員だったタカノと結ばれ、二男二女の四人の子どもをもうけた。ちなみに高倉は二番目の子どもで、三番目が二歳違いの妹である長女の黎子《れいこ》、そのさらに二歳下の末妹・敏子という順だ。四人のきょうだいは、すでに三人が鬼籍に入っており、血のつながった親族としては敏子と六人の甥や姪たちが、九州や東京、そして海外に住んでいる。

「小田の本家に男の子がなかったけん、お兄さんを小田の本家に養子にもらいたか、ていわれたこともありました。けど、父が断りました」

高倉健の妹・森敏子が、雑談のなかでそう話してくれたことがある。高倉の父・敏郎は小田家の三男として生まれたため、本家の跡取りではなかった。が、やはり暮らしに不自由することはなかった。高倉の兄・昭二の長男で、本人の甥に当たる小田剛《おだたけ》生《お》は、今も福岡県内に住んでいる。こう振り返った。

「私は小さい頃、(高倉のことを)東京のおいちゃんと呼んでいて、叔父からたいそう可愛がってもらいました。大人になってからも亡くなるまで、『剛生、元気にしとるか？　お母さんはどうか？』と、しばしば電話をもらってきました」

小田本家では男子に恵まれなかったため、現在は剛生が小田本家の墓を守る立場となっている。

「叔父から『剛生、おまえは小田の跡取りなんだから、ちゃんと本家の墓参りもせないけんぞ』といわれていたのを、よく覚えています。底井野にある、けもの道みたいになっている山の奥は、私たちにとって名前も知らないような先祖の墓ばかりですけど、叔父はいつも気にかけていましたね」

信仰心の篤《あつ》い高倉健らしい話だ。ついでに剛生はこうも訴えた。

「その叔父の骨はどこへ行ったのか、正覚寺の墓にも納められていません。四十九日や一周忌のときもそうでしたけど、なので私たちは、法要の日に叔父をどこで供養すればいいか、わからないのです。ただ叔父の命日にだけは、せめて私たちだけでも供養しなければならないと、こっちの親戚で正覚寺のお墓に参っています」

急逝《きゅうせい》した高倉健の死後のもめごとについては、章を改める。

ちなみに小田家の菩提寺には、今でも高倉健とゆかりの深い映画の関係者が墓参に訪れるという。東映映画で数多く共演した富司純子が月命日に現れることもあれば、数年前には、その娘である寺島《てらしま》しのぶの姿も近所の人に目撃されている。高倉健は生まれ育った九州という郷里を愛してやまなかった。

「やっぱり僕ら、最後は九州ですけんね」

亡くなるまで、そういい続けてきたという。先祖や家族に対する思いは、ひといちばい強い。

炭鉱王との縁

高倉の父親・敏郎は、明治生まれでありながら、身長が一八一センチもある偉丈夫《いじようふ》だった。古いスナップ写真を見せてもらうと、優に一〇〇キロを超えていそうな大きな身体で、他の男たちより頭一つ背が高い。

その恵まれた体軀を生かし、相撲《すもう》がめっぽう強かった。プロの大相撲力士ではないが、昔から盛んだった素人の筑豊相撲では、右に出る者がいないほどで、「亀ケ嶋《かめがしま》」という四股名《しこな》まで持っていたくらいである。

その強さを見込まれ、若い頃は帝国海軍にスカウトされ、任官したという。陸軍へのライバル意識の強い海軍は、とりわけ相撲に力を入れていて、目を付けられたわけだ。太平洋戦争の始まるずっと前のことだから、敏郎の海軍入りは徴兵ではない。したがって敏郎は、海外の戦地に赴《おもむ》くこともなく、相撲と訓練に明け暮れてきた。そうして無事に退役した。

海軍勤務を離れた敏郎は、そこから当時の中間町にあった「大正鉱業」に勤務する。炭鉱の労働部長として鉱員たちを監督する役割だった。勤務先の大正鉱業は柳原《やなぎわら》白蓮《びゃくれん》の夫で、炭鉱王と異名《いみょう》をとった、あの伊藤伝右衛門《いとうでんえもん》が創業した鉱業会社である。あまり知られていないが、実は高倉健は、伝右衛門とも縁続きに当たる。

「伊藤伝右衛門には、妹が一人いました。二人きりの兄妹で、本人に子どもがいなかったので、伝右衛門は妹の子どもたちに炭鉱の仕事を任せてきました。伝右衛門にとって彼らは甥に当たるわけですが、その子どもの一人が私の父親でした。そしてその女房、つまり私の母が高倉の叔母という関係。だから血縁ではありませんが、遠縁ではあります。ＮＨＫ朝の連続ドラマで、その伊藤伝右衛門を極悪人《ごくあくにん》のように描かれ、高倉は憤慨《ふんがい》していましたよ」

従兄弟の日高が、そう冗談交じりに話してくれた。伊藤伝右衛門は、めっぽう腕っぷしの強い敏郎を、炭鉱の荒くれ鉱夫をまとめるのにうってつけだと見込んでヘッドハンティングした。日高が続けた。

「大正鉱業には、一鉱から五鉱まで鉱山があって、それはものすごい規模でした。中間市内の男のほとんどが職員や子会社の社員みたいな感じで、町中が炭鉱の関係者でした。高倉の父親は中間から少し離れた、伝右衛門の経営するもう一つの朝倉郡の宝《ほう》珠山《しゅやま》炭鉱に派遣され、そこで現場監督のようなことをしていました」

北部九州の炭鉱が隆盛を極めていた時代である。炭鉱の会社名にもなっていた宝珠山村は大分県に近い福岡県中東部に位置し、現在は合併により朝倉郡東峰村《とうほうむら》となっている。宝珠山炭鉱もまた規模が大きく、働いていた鉱夫だけで五〇〇〇人を抱えていたという。

小田家では敏郎が宝珠山炭鉱に勤めていたその頃、一九三一年二月に長男の昭二に続いて二人目の剛一が生まれた。そこから戦争の渦に巻き込まれ、一家に大きな変化が訪れる。家族にとって大きかった出来事は、なんといっても敏郎が唐突に宝珠山炭鉱を辞め、満州に渡ったことだった。

　折しも日本政府が中国東北部に満州国を建国し、関東軍が南満州鉄道の実権を握って国民に協力を呼び掛けていた時期と重なる。日露戦争後の不況続きで疲弊《ひへい》した全国の農民たちが、新天地での生活を夢見て、満蒙《まんもう》開拓団として続々と入植していった。終戦後、彼らを襲ったその悲劇は、無残というほかない。

　一九四〇（昭和一五）年、高倉の父・小田敏郎もまた宝珠山炭鉱を退社し、日本海の荒波に揺られて中国大陸へと渡った。

「あの頃は、男なら一旗揚げないかん、という風潮があったから、満州に行ったのでしょう。そういう時代でした」（従兄弟の日高）

　周知のように、高倉健はことのほか海外旅行を好み、映画の撮影が終わると洋の東西を問わず、世界中どこへでも単身ふらりと出かけた。周囲が連絡をとれず、しばしば関係者を慌てさせるようになる。その冒険心や奇怪な行動は、父親譲りといえなくもない。

　敏郎は、決して生活苦から満州に渡ったのではないようだ。多くの日本人がそうしたように、広大な大陸に夢を抱いて日本海を渡った。敏郎は筑豊の炭鉱で培《つちか》ってきたノウハウを満州に持ち込み、一旗揚げようとした。

しかし、父・敏郎の見た中国大陸の夢は、そう甘くなかった。

ボクシング部とESS

敏郎は三年ほどで満州に見切りをつけ、終戦間際になって帰国する。大陸浪人として居残った軍人たちは別として、終戦に気づかず、満州に置き去りにされて路頭に迷った満蒙開拓団の農民たちの悲劇などを顧みると、少なくともその判断は正しかった。

高倉本人はといえば、敏郎が渡満するまでは、大正鉱業の社宅に住んで近所の中間小学校に入学し、しばらくそこに通った。この頃、川水遊びから風邪をこじらせ、肺を患ったと伝えられる。自著『あなたに褒められたくて』（集英社）にもこう記している。

〈小学校へ上がってすぐ、肺浸潤《はいしんじゅん》に冒《おか》されて、安静にしたまま、治るのに一年かかったんです。

この病気は肺結核の初期とかで、そのころはまだ伝染病として恐れられていたんです。

コメカミに細い青い血管が浮いたような顔で一人、離れに寝かされていた〉

病気で学校を一年休学した。母のタカノは、息子に滋養を付けさせようと魚屋で毎日、鰻《うなぎ》を買い、かば焼きにして食べさせた。そのせいで高倉は鰻が嫌いになり、長じてからも鰻のかば焼きだけは口にしなかったという。

小田家では、父の敏郎が満州に渡ってから大正鉱業の社宅に住むわけにもいかず、引っ越したのだろう。高倉自身は小学二年生になると、いったん八幡《やはた》市（現・北九州市八幡西区）の本城《ほんじょう》小学校へ転校した。そして戦火が激しくなり、敏郎が満州から引き揚げてくると、疎開《そかい》するため中間町に近い遠賀郡の香月《かつき》に移り、池田小学校へ通った。旧制の東筑中学に入学したのは、それからさらに太平洋戦争が激化し、日本が焦土と化した戦争の真っただなかだ。

高倉が中学三年生だった夏の一九四五年八月一五日、一家は終戦を迎えた。米軍の標的とされた官営・八幡製鉄所はたまたま原爆投下を免れたが、北九州とその周囲一帯は、まさに瓦礫の点在するだだっ広いだけの焼野となっていた。

戦後の動乱のさなかだけに、決して楽な暮らしとはいえなかったが、それでも小田家の暮らしぶりは恵まれていたといえる。敏郎は戦後、八幡製鉄所のある洞海湾《どうかいわん》の第一港運会社に勤め始めた。おかげで生活に困ることもなかった。戦火を免れた香月に家を建てて住んだ。

高倉は一九四七年に新たな学校制度が施行されると、東筑高校の二年生に編入された。比較的伸び伸びとした中学・高校生活を送ったといえる。中学時代は陸上部に所属し、走り高跳びの選手として活躍し、合気道も習った。高校時代には、父親の伝手で船会社のアルバイトをし、ボクシングに夢中になる。

北九州市に住む姪の一人は、母親から伯父の高校時代のことを詳しく伝え聞いている。

「伯父がボクシングを始めたきっかけは、アメリカ人の友だちの勧めだったと聞いています。どこで出会ったのかわかりませんけど、米軍将校の息子さんと知り合いになったみたい。その子も伯父とちょうど同い年くらいで、週末になると家に遊びに行っていたらしい。家が小倉にある米軍基地の近くだったそうですから、ずいぶん遠かったと思いますけど」

米軍基地は、日本に返還されるまで、現在の小倉南区にあった。香月の高倉の家からは電車を乗り継いで優に一時間以上はかかる。そうとうな距離だ。

「友だちになれば、英語が覚えられるじゃないですか。伯父は、それがいちばん早いとかいって、休みのたんびに通うようになったそうなんです。ところが、最初の頃に一度、伯父が泊まったまま家に帰ってこなくてね、母たちがたいそう心配したみたいでした」

北九州の姪が、高倉の妹から聞いたという思い出話をしてくれた。

「母たちは『やっぱりアメリカやけね、何するかわからん』て、さんざん悪口をいっていたみたい。そしたら、あくる日になると、伯父はちゃんと学校に出とったというのです。しかも向こうの親御さんが、弁当代わりにサンドウィッチまで持たせてくれていたと……。そこから、週末になると、毎週のように遊びに行って向こうに泊まって帰って来るというパターン。その子がボクシングをしていたので、習っていたというのです。それで夢中になって、東筑高校でボクシング部までつくったらしいのです」

高倉健のボクシング部創設は、今でも東筑高校の生徒のあいだで語り草になっている。かくいう私も東筑高校の卒業生なので、なかば都市伝説のように、高倉によるボクシング部創設の話を聞いた。

恩師の体育教師が授業のときに、こう自慢していたことをよく覚えている。

「高倉健は俺の教え子やけんな。本名は小田いうて、香月に住んどったばい。背が高うてな、陸上部におってから、運動神経も抜群やった。身体が太かけん、喧嘩もようしよった。それである日、ボクシングを始めた、ちいうてからたい、『ボクシング部をつくってよかですか』ち聞くけん、びっくりしたばい」

その体育教師は体操が専門の田代進《たしろすすむ》といい、ことのほか生徒指導に厳しいので、われわれ生徒に恐れられていた。高倉健と私は三〇も歳が離れているのに、まさか当時から教えているはずはないと思ってきたが、念のため実妹の敏子に、そのことを確かめてみた。高倉とは四歳違いの敏子も、かつては東筑高校に通っていた。その彼女もまた、田代の教え子だったというから、驚いた。敏子が笑いとばす。

「田代先生は若くてハンサムだったけん、ものすごう女子生徒に人気があってね。『光源氏《ひかるげんじ》』ていうニックネームで呼ばれとったとよ。それで私が高校に入ったときお兄さんに、『光源氏の家に行ってきたばい』て話したら、兄が怒ってね。『俺は田代は好かん、なして家まで行くとか』ていうてました。先生が女の子に人気があったから、気に入らんかったんでしょうかね」

もっとも、その田代のおかげだろう。提案したボクシング部が学校に認められ、高倉健は高校の公式試合にも出場した。戦績はフェザー級で六勝一敗、けっこう活躍したようだ。

また高校時代の高倉は、ボクシングだけでなく、英会話のＥＳＳクラブも創設している。いうまでもなく、これもまた米軍将校の息子の影響だ。ボクシング部は高倉の卒業後に廃部になっているが、ＥＳＳクラブは今も東筑高校に存在し、盛んに活動している。

北九州市に住む先の姪が、さらにもう一つ米軍将校の息子とのエピソードを教えてくれた。

「あるとき伯父が米軍基地の売店で売っている、おしゃれなズボンを買ってきたらしいのです。それを私の母にプレゼントしてくれた。アメリカの女性が穿《は》くようなパンツで、シュッと裾《すそ》が締まっていましてね。とても格好いい。ずいぶんあとになって、それを見せながら母が、『これ、お兄さんが買ってきてくれたのよ、私はもう入らないから、あなた、穿くならあげるわよ』っていうから、私が譲り受け、いっとき穿いていました」

裕福な家柄に生まれ、戦前から日本のエネルギー政策を担ってきた活気あふれる炭鉱町で育った高倉健は、他の生徒より進んでいたのだろう。妹の敏子が若き兄の姿を思い浮かべて語った。

「お兄さんは、おしゃれな人でしたよ。学生の頃から、鹿の皮で手の爪を磨いてね、ピカピカになるとです。これからは英語を勉強せんといけん、ていいよんなさってね。大学に入ったばかりの夏休みに里帰りしたとき、レコードをもらいました。それがチーちゃんのテネシー・ワルツ、英語で歌っていました。兄はその英語の歌詞を書いてくれましてね、『敏子、これで勉強せんね』ていう。あの頃からお兄さんはチーちゃんのファンだったのです」

チーちゃんが江利チエミのことを指すのは繰り返すまでもない。

母に贈った数々の品

高倉健は映画スターとして人気が出てからも、常に郷里の家族や親類のことを案じ、亡くなる直前まで時間が許すかぎり九州に足を運んだ。それができないときは、手紙や電話の連絡を欠かさなかったという。世間がうらやむ大スターを身内に持った家族たちは、どんな思いで本人を見ていたのだろうか。ふとそんな疑問がわいた。

高倉健には、兄と二人の妹がいた。長兄である昭二は、底井野にある小田家の墓を守っている剛生の実父に当たる。もともとホテルマンだったが、脱サラして八幡西区にある黒崎商店街の入り口付近のビルの二階で、純喫茶「ロア」を経営してきた。

黒崎商店街は、今でこそすっかり寂《さび》れ、いわゆるシャッター・ストリートになっているが、往時は九州屈指の賑わいを見ていた。北九州市には、終戦後から高度経済成長期にかけて八幡製鉄改め新日本製鉄や三菱化学、安川電機などの工場が林立し、日本の重工業を支えてきた。その北九州工業地帯に近い黒崎商店街は通勤時の満員電車のごとく、常に買い物客でごった返した。

商店街には映画館もそこかしこにあり、人気絶頂だった高倉健や鶴田浩二の主演する東映の任侠映画は、立ち見が出るほどの盛況ぶりだった。長兄・昭二の経営する喫茶「ロア」には、映画デビューした実弟の秘蔵写真が飾られ、ファンの憩《いこ》いの場となってきたという。今も福岡に住む実妹や甥姪たちに、高倉健の思い出を率直に尋ねてみた。

「小学生くらいまで、私たちは伯父の出ていたヤクザ映画を家族で観に行っていました。今は一つも残っていませんけど、黒崎の商店街には、映画館が七つもあったんです。子どもなのにヤクザ映画というのも、今思うとおかしな話ですけど、ヤクザ映画だからではなく、伯父の映画だから、家族そろって観に行っていました」

長女の黎子の次女である姪が昔の家族写真を見ながら述懐した。

「映画を観ていたので、伯父には本当に刺青《いれずみ》が入っていると信じていましてね。伯父が帰って来たときに、『ねぇ、東京のおいちゃんの刺青、見たいよ』と母にいったら、『なにいってるの？　バカね』と笑われました。おいちゃんがこっちに帰ってきたら、おばあちゃんの香月の家に親族が全員集合するんです。男の子はよく遊んでもらっていたみたい。私は小さい頃のそんな記憶はありありませんけど、香月の家の縁側でおいちゃんに抱っこされている写真なんかは残っています」

つい数年前まで、妹の黎子や敏子のところには、高倉の住んでいた世田谷区瀬田の家からだけでなく、ときにはロケ先や旅先からも頻繁に電話がかかってきたという。成長した姪や甥たちも、ときおり伯父との会話に参加してきた。

小田家の四人のきょうだいのうち存命なのは末妹の敏子だけだが、敏子と甥姪たちは連絡を取り合い、いまでもしょっちゅう会っている。亡くなった黎子の次女が記憶をたどりながら、明るく話してくれた。

「祖母は歳のせいで目を悪くして、黒崎の厚生年金病院の眼科と内科にかかっていました。それで長男の昭二伯父が、香月の家から病院に連れてきていました。その昭二は祖父が建てて、伯父たちきょうだいがいっしょに住んできたところです。香月の家伯父が（一九八七年に）亡くなり、祖母の住んでいた香月の家には、お嫁さんと孫だけになりました。それだと気兼ねするやろうし、不便だから、うちで祖母を引き取り、しばらくいっしょに暮らしてきました」

長兄の経営した喫茶「ロア」は、厚生年金病院にも近く、タカノの送り迎えにも便利だった。が、昭二が六一歳で急逝《きゅうせい》してしまい、閉店せざるをえなかった。それもあったのだろう、長女の黎子一家が、タカノと暮らし始めたという。

「とくに祖母と暮らし始めてからは、伯父（高倉）から、あれしてくれ、これしてくれ、とよく電話がかかってきましたね、週に一回くらいでしょうか。伯父は『石垣島に行って食べたマンゴーが美味しかったから、おふくろに食べさせてやってくれ』とか言って、そんなふうでした。ふつうの食べ物だけでなく、『おふくろに栄養を付けさせんとな』と、ローヤルゼリーとかプロポリスといった健康食品もよく送ってきていましたね。ときには外国から栄養剤をたくさん送ってきた。そうそう液体をスポイトで吸うタイプの高価なプロポリス、それも印象に残っています」

多くの日本男性はマザコンだという説があるが、高倉健も高齢の母が心配でたまらなかったのだろう。とりわけ、九〇歳で物故した母タカノへの思いについては、高倉本人のインタビューをはじめ、新聞や雑誌の報道などを通じ、さまざまに伝えられてきた。遺作映画となった二〇一二年封切りの「あなたへ」は、母親に向けたメッセージが盛り込まれているとされる。また、自著『あなたに褒められたくて』でも、高倉は素直にタカノへの思いを吐露している。

その実母タカノが突然、倒れたのは、昭和から平成に元号が移った一九八九年だった。

あなたに褒められたくて

「まだ私の母（黎子）が存命の頃、祖母とは二年間ほどいっしょに暮らしました。そのなかで祖母が弱ってきて夜中になると戻したり、そういうことが何度かありました。そうしてだんだん具合が悪くなっていきました。ある日、夜中に戻したあと、朝いちばんに父が祖母を抱えて車へ乗せ、あわてて病院へ連れていったんです」

姪がそう続けた。

「診断結果は脳内出血でした。それで、手術をするかどうかで揉《も》め、母が急遽《きゅうきょ》、伯父（高倉）に電話して相談しました。祖母はすでに八九歳でしたので、私たちとしては、この歳になって頭を開くのは可哀そうだから手術を受けさせたくない、と反対しました。でも伯父は、『できることはすべきだ、やりたい』という。長男が亡くなっているので、きょうだいのなかの年長は伯父になります。だから、そこまでいうのなら、と手術することになりました」

開頭手術は成功し、命は助かった。だが、その後二ヵ月のあいだ意識は戻らなかった。このとき高倉健が病院に駆け付けたことについては、親族の一部、それにタクシー・ドライバー以外は誰も知らない。

「伯父が『これから病院に行く』と電話をかけてきて、私と母で年金病院の玄関口で待っていました」

姪の回想によれば、タカノの容体を心配した高倉が羽田空港から福岡空港まで文字どおりすっ飛んできて、そこからタクシーで八幡西区の九州厚生年金病院までぶっ飛ばしてきたのだという。福岡空港から病院までは五〇キロ以上あり、タクシーでも優に一時間はかかる。

本人が病院に到着したのは、五月の夕方近くだった。が、東京より日没の遅い北九州ではまだ日が高く、あたりは明るい。

「伯父から『博多《はかた》のタクシーやけん、どこから病室に入っていいかわからん。だけん、病院の前に立っといてくれ』と指示されましてね。当時はカーナビもないし、博多のタクシーの運転手さんだと、病院のどこに横付けすればいいか、わからないでしょ。それで、私と母とで病院の角のところに立って待っていたんです」

ほどなく博多のタクシーが近づいてきた。乗っているのは間違いなく、高倉である。ところが、そのまま病院の前を素通りしてしまった。きょとんとして、母娘が顔を見合わせた。そして、しばらくすると、また同じタクシーが近づいてきた。姪が笑う。

「はじめ素通りしたときは、『おかしいな、おいちゃん、気づかなかったんかな、行っちゃったよ、戻って来るかな』と話していたのです。けど、私たちに気づいていないわけじゃなかった。何度も何度も戻ってきては、素通りするじゃないですか。なんでそんなことをしていたかと聞くと、まだ明るかったので、暗くなるまでタクシーから降りられなかったんだというのです。そのあいだ、私たちはずっと角で立ちっぱなしでした」

つまるところ、人目につかないよう、病院のまわりをタクシーでグルグル走り、日が落ちて暗くなるまで時間稼ぎしていたのだそうだ。そうして正面玄関ではなく、救急患者の出入り口から病院に入ったのだという。いくらお忍びの見舞いとはいえ、ふつうの感覚では思いつかない。出迎えた姪は、大スターがそこまで神経を使っているユーモラスな光景を改めて思い浮かべ、話しながら吹き出してしまった。

手術を勧め、母を案じていた高倉本人にとっては、真剣そのものだった。多忙を極めるスケジュールのなか、そこまでして容体を見にきたのは、タカノに対する敬愛の表れにほかならない。しかしその甲斐もなく、最愛の母は結局、手術してから一度も意識が戻ることなく、手術から二ヵ月後の一九八九年七月、息を引き取った。

〈この母が本当に逝《い》ったとき、自分は告別式に行かなかった。

『あ・うん』の大事なシーンを撮影してるときでした〉

自著『あなたに褒められたくて』で、高倉健は、最愛の母を失ったときの無念をこうつづっている。

〈葬式に出られなかったことって、この悲しみは深いんです。

撮影の目処《めど》がついて、雨上がりの空港に降りると、いつものように電気屋の門田《かどた》ちゃんが出迎えてくれた。

彼も自分の気持ちを察してくれて、長い無言の車内。

実家へ行く途中、菩提寺の前で、車を停めてもらって、母のお墓に対面しました。

母《おふくろ》の前で、じーっとうずくまっているとね、子供《ガキ》のころのことが、走馬《そうま》灯《とう》のようにグルグル駆けめぐって……〉

映画「動乱」でのワンシーン

教員だったタカノは、ことのほか子供たちの躾《しつけ》に厳しかったという。そして高倉は、自著をこう結んでいる。

〈お母さん。僕はあなたに褒められたくて、ただ、それだけで、あなたがいやがってた背中に刺青《ホリモノ》を描《い》れて、返り血浴びて、さいはての『網走番外地』、『幸福《しあわせ》の黄色いハンカチ』の夕張炭鉱、雪の『八甲田山』。北極、南極、アラスカ、アフリカまで、三十数年駆け続けてこれました〉

届けられた防犯ライト

決して私生活のプライベートな顔を見せなかった高倉健だが、きょうだいや甥姪に対しては、そうではなかった。親族や友人を取材していると、家族に対する思いは、むしろストレートに表現してきたように感じる。黎子の次女が次のような秘話を教えてくれた。

「それほど前ではありませんけど、ある日、私と叔母（末妹の敏子）のところへ、突然、防犯ライトが届いたことがあったんです」

どちらも女だけの一人暮らしだったため、物騒だと心配して東京の高倉が買い求め、北九州に送ったものだったそうだ。

「人感センサーでパッと明かりがつくタイプで、照明が点灯すると、犬が吠える。あるいは『センサーが反応しました』と人間の声がしたりするタイプなど、いろいろ送ってくれました。『不用心だからな』といわれるまま、その防犯ライトを付けていたのです。ところが、それでも私の家に泥棒が入ったのです」

と、こうも話した。

「それを聞いた伯父は、今度は『セコムを付けろ』といい出した。『いくらかかるか、明日すぐに見積もりしてもらえ、それで見積もりができたら、俺のところへＦＡＸしろ、いいな』と指示する。その通りに見積もりを頼んで、東京の瀬田の家にＦＡＸを送ると、『おう、いいじゃないか、これで』と満足そうでした。意外に思われるかもしれませんが、そんな、まめなところが伯父にはあるのです」

世話になれば礼状を書き、ときには高価な時計をプレゼントする。高倉健の義理堅さについては、いまや知られたところだ。が、その神経の細やかさとともに、遠く離れた姪に対し、ここまで面倒を見るとは、やはり驚く。

里帰りの際には親戚が大宴会を

たまに高倉健が里帰りすると、北九州の家では、親戚が一堂に会して大宴会が開かれてきた。もっとも、本人が極端に人目をはばかるせいで、日が暮れてからでないと家に帰ってこなかった。いきおい宴会も、夜遅くになってからでないと始まらなかったのだそうだ。

「兄には、そんなところがありました。チーちゃんと結婚していたときも、神経質やったけね。チーちゃんとは対照的でした」

同じように防犯ライトをプレゼントされた実妹の敏子は、こうもいった。

「チーちゃんは兄とはぜんぜん違うて、真昼間でも平気で『ただいまぁ！』と大きな声で玄関を開けて香月の家に帰って来よりました。すると近所の人が『江利チエミが来とるばい』て集まってくるとです。けど、チーちゃんはそんなん気にもしません。縁側でサインしたり、ね。八幡市民会館でコンサートをしたときなんかも、『お母さん、ただいまぁ』で、知らせもなく帰ってきたから、びっくりしました。父もたいそうチーちゃんを可愛がっていてね、もう家族といっしょでしたよ」

江利チエミは高倉健が唯ひとり愛した女性だった——。九州の家族たちには、その思いが強い。

第三章　銀幕のプレイボーイ

美空ひばりからのラブレター

あの忌《い》まわしい戦争の記憶がようやく薄れかけたある日の深夜、漆黒《しっこく》の暗い空から落下傘が舞い落ちてきた。そこには、かつての日本陸軍将校の死体がぶら下げられていた——。

東映の「恐怖の空中殺人」は、そんな強烈な事件シーンから始まる。生涯二〇五本という驚異的な数の出演作を残した高倉健にとって、銀幕デビューした一九五六（昭和三一）年の一二月二六日に封切られた一一本目の映画だ。警視庁の島田《しまだ》刑事に扮した高倉が、遺児のさゆりの行方を追ううち、香港《ホンコン》の国際麻薬密輸団に行き当たる。新人俳優の高倉をもり立てようと、時代劇の大スター、片岡千恵蔵《かたおかちえぞう》が密輸団配下の田川《たがわ》役で登場するが、映画はさっぱりヒットしなかった。

反面、「恐怖の空中殺人」は本人にとって忘れられない作品となる。映画の撮影現場で、さゆり役の江利チエミと初めて出会い、共演したからだ。東映の新人俳優は間もなく、明大時代からあこがれていたスター歌手を追いかけまわすようになる。

所属　東京撮影所演技課

氏名　高倉健

右の者當會社専属演技者たることを證明する――

一九五六年二月一日に東映株式会社が発行したNo．289の身分証明書には、こう記されている。

新芸プロの「面接」がきっかけとなって東映入りした高倉健は、東映の第二期ニューフェイスとして期待された。が、いっこうに売れない。そんな時期、共演の多かったのが、美空ひばりである。高倉健をめぐる江利チエミのライバルが美空ひばりだったのは有名なようで、実際のところはあまり知られていない。

チエミとの共演映画「恐怖の空中殺人」の翌一九五七年七月三〇日、高倉健にとって早くも一九本目の出演作が封切られた。それが美空ひばりとの初共演となる。さらに明くる一九五八年には、一月三日公開の「娘十八　御意見無用」を皮切りに、四月三〇日の「恋愛自由型」、八月六日の「ひばりの花形探偵合戦」、九月一〇日の「希望の乙女」、一二月九日の「娘の中の娘」と、ひばりといっしょに一年に五本も映画に出ている。初共演から一九六二年九月九日公開の七四作目「三百六十五夜」にいたるまで、実に六年で一六本という驚異的なペースで、高倉はひばりとスクリーンに登場しているのである。

東映の経営陣としては、江利チエミをしのぐ国民歌手となっていた美空ひばりと組ませれば、高倉の映画がヒットするのではないか、と考えたのかもしれない。事務所のマネージャー募集が高倉の映画界入りのきっかけになったという奇縁もある。だが、これほど共演作が多かったのは別に理由があった。

もともとこの頃の高倉健と美空ひばりでは、芸能界における格が違った。大スターのひばりが、しがない新人俳優と組んだ理由について、東映の古参プロデューサー、吉田達がタネ明かしをしてくれた。

「東映としては、健さんを売り出すより何より、人気絶頂だったひばりを映画に使いたいわけです。それで『共演者は誰がいいですか？』と伺いを立てた。すると、ひばりちゃんは必ず『相手役なんていいの、探さなくたって。健ちゃんがいい』という。それで東映のひばりのほとんどの映画に健さんが出ることになったのです」

吉田はこうもいった。

「健さんにとっては、大した役じゃない。だから乗り気ではなかった。それどころか、『達ちゃんね、写真はひばりにカメラのピントが合うじゃない？　俺は背が高いから、後ろにいてピントが合わずにぼけてる。だから出たくないんだよ』って笑いながらぼやいていました」

「健ちゃんといっしょに映画に出たい」

美空ひばりがそう願い出て数々の共演が実現した。つまり、ひばり自身が高倉に入れ上げていたわけだ。事実、それを裏付けるかのような話もある。

「実は、健さんはひばりさんからラブレターが届いて、弱っていたんです。加藤和枝《かとうかずえ》という本名で書かれていたから、本気だったのかもしれません。当時、立教大学の野球部にいた健さんの従兄弟に、そのことを相談したらしい。従兄弟がそう話していました」

そんな秘話を教えてくれたのは、元福岡市長の吉田宏《よしだひろし》である。高倉健が通った福岡県遠賀郡の池田小学校出身の吉田はこの従兄弟と親しくしていたという。従兄弟は前出の日高康ではなく、その実弟だ。すでに鬼籍に入っており本人に確かめようがないので、そのことを実妹の敏子に尋ねてみた。すると、まんざら否定もしない。

「森さん、なんでそげなことまで知っとると

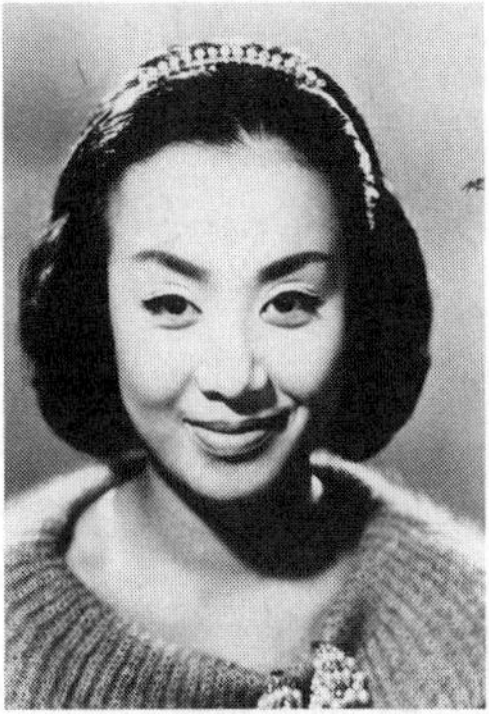
美空ひばり

ね。あん子（従兄弟）は、お兄さんにずいぶん可愛がられとったし、香月の家にもよう遊びにいらっしゃっとったけんね。まあ昔の話ですけねぇ、ひばりさんも亡くなっとるし、そっとしとけば、よかじゃないね」

実際、美空ひばりが高倉健に相当な好意をいだいていたのは間違いない。唐沢俊一《からさわしゅんいち》編著『星を喰った男 名脇役・潮健児《うしおけんじ》が語る昭和映画史』（早川書房）には、そのころの話が出てくる。東映の元俳優だった潮の体験談として、こう記されている。

〈そのころ、ひばりちゃんは例の、横浜の『ひばり御殿』と呼ばれてたお屋敷にすんでいたんです。で、ある日ね、これは、彼女が東京で映画撮っていたころだから、『べらんめえ芸者』シリーズのころだったと思いますが、

「今日はみんなでうちへ遊びにこない？」

かなんか言われてね、東映のそのころの若手の俳優たち、高倉健以下全員でね、

「よし、お嬢を慰問にいこう！」

てなことで、揃って行ったことがあるんですよ〉

シリーズ最初の東映「べらんめえ芸者」は一九五九年に封切られ、高倉健は翌一九六〇年の「続べらんめえ芸者」から共演に抜擢《ばってき》された。そこから二人は「べらんめえ芸者と大阪娘」まで六本の「べらんめえ芸者シリーズ」に登場する。高倉自身、国民

的な人気のある美空ひばりには、かなり気を遣っていたようだ。潮の体験談はこう続く。


〈でまあ、大変なごちそうになって……で、みんなでね、

「ひとつお礼にお嬢をビックリさせてやろうじゃないか」

って、また健さんが音頭とってね。

「おい、みんな二階へこい」

と、全員を二階に集合させたんです。それで、

「いいか、全部ここで裸になれ」

と言い出した〉

そうして高倉健を筆頭に二〇人ほどの東映の若手俳優たちが素っ裸になり、彼女のいる階下の居間に行列をなして阿波踊《あわおど》りをしながら下りていったという。美空ひばりは驚いて笑い転げ、大はしゃぎした。

他愛もないエピソードだが、そんなひょうきんな一面もまた、ひばりにとって高倉の魅力だったに違いない。

だが、高倉自身はといえば、本命はひばりではなかった。一六回も共演を熱望した国民歌手に振り向きもせず、一回だけしか共演していない江利チエミを選んだ。それ

もかなりの熱の入れようだった。

米軍キャンプからのデビュー

江利チエミは本名を久保智恵美《くぼちえみ》という。一九三七（昭和一二）年一月一一日、父・益雄《ますお》、母・と志《し》のあいだの三男一女の末娘として生まれ、芸能一家のなかで育った。益雄は奇《く》しくも高倉健と同じ福岡県の炭鉱町、田川郡添田町《そえだまち》の出身である。雑貨商を営む一家の五人きょうだいの三男で、浪曲好きの父親の影響を受け、音楽を志して上京した。

益雄は上京すると、三味線《しゃみせん》漫談家の初代・柳家三亀松《やなぎやみきまつ》の門をたたいた。もともと三亀松は名人と謳《うた》われた柳家三語楼《さんごろう》の弟子だったが、落語に飽き足らず、三味線漫談に転じて一世を風靡《ふうび》した。三亀松が吉本興業に所属していたため、益雄も吉本入りする。

益雄は三亀松の相三味線を弾《ひ》き、ときにはピアノ伴奏もこなした。やがて吉本興業のバンド・マスターとして活躍するようになる。

一方、母のと志は益雄より年上で、若くして軽劇団の花形喜劇女優として人気を博した。旧姓を林《はやし》、芸名を谷崎歳子《たにざきとしこ》といった。一七歳で「東京少女歌劇」というレビューにデビューし、たちまちスターになる。

歳子は浅草の軽演劇舞台に立っていたころ、鈴木一座を率いていた鈴木康義《すずきやすよし》の子どもを身ごもり、よ志子《しこ》という子を産んだとされる。事実なら、よ志子は江利チエミやその兄たちにとって異父姉に当たることになる。そのよ志子が、のちに久保家や高倉健に大きな災いをもたらすのだが、そこは後述する。

歳子は鈴木と別れ、益雄と結ばれて四人の子どもをもうけた。長男の亨《とおる》、次男の甫《はじめ》、三男の劭《たかし》、末娘の智恵美（チエミ）である。そして夫婦で、東京に進出したばかりの吉本興業に所属するようになった。

この頃、歳子が映画で共演していた相手として、笠置《かさぎ》シヅ子や榎本健一《えのもとけんいち》などがいる。また、清川虹子《きよかわにじこ》もいっしょに舞台に立って以来、親友になった。ノンフィクション作家の藤原佑好《ふじわらゆうこう》著『江利チエミ　波乱の生涯　テネシー・ワルツが聴こえる』（五月書房）に、清川の回想が掲載されている。

〈「トシちゃんは底抜けに明るい女優さんで、三枚目も上手な方でね。（中略）浅草の楽屋の隅で、トシちゃんがチーちゃんに乳房をふくませていたのを思い出します。トシちゃんにそっくりの目の大きな赤ちゃんでねえ」〉

歳子が亡くなったあと、清川は公私ともに江利チエミの相談に乗り、二人は母娘のような付き合いをするようになる。チエミは清川のことを「ママ」と呼び、清川は「チーちゃん」といって智恵美を可愛がった。高倉との結婚、離婚をはじめ、折に触れて彼女が悩みを打ち明けてきた相手だ。

もともと高血圧症に悩んできた実母の歳子は、智恵美を身ごもったとき、腎臓を患って病床に伏せった。そのせいで戦後は、芸能の第一線から退かざるをえなくなる。おまけに久保家では、このころ大黒柱の益雄が師匠の柳家三亀松と大喧嘩し、職を失ってしまう。益雄は戦時中に徴用された軍事工場の作業で指先を痛めており、演奏活動にも支障をきたした。

やむなく益雄が進駐軍の経営するクラブでピアノ演奏をし、一家は糊口《ここう》をしのいだ。その延長で米軍キャンプのイベントに呼ばれるようになり、陸軍士官学校出の長男・亨が、益雄のマネージャーとして働いた。

そうして戦後の久保家の生活がスタートし、智恵美が一二歳になると、父や兄といっしょに米軍キャンプに付いていくようになる。それが江利チエミの歌手デビューのきっかけになった。

父のピアノ演奏のついでに、智恵美がアメリカのジャズ・ナンバーを歌うと、大うけした。たちまち米兵の人気者になり、一枚のレコードをプレゼントされた。のちに彼女の代名詞になる「テネシー・ワルツ」の英語バージョンだ。病床の母にそれを報告すると、ことのほか喜び、こういった。

「アメリカ人の前で歌うなら、馴染《なじ》みやすいようにエリーと名乗ったらどう？」

これが江利チエミという芸名の由来となる。歳子が四六歳の若さでこの世を去った九日後の一九五一（昭和二六）年六月二二日、「テネシー・ワルツ」がキングレコードの目に留まり、正式にレコーディングされる。

そんな江利チエミについて、デビュー前から彼女のことを知っている女性がいる。後援会長だった正根寺勝江《しょうこんじかつえ》である。

デビュー直後の江利チエミ

正根寺は一九三七年生まれの江利チエミの二歳上だ。たまたま近所に住んでいた関係で、米軍キャンプの父娘ステージも観に行った。父親といっしょに進駐軍の前で歌うその姿に惹かれたという。以来、ずっとチエミ・ファンだ。正根寺は、彼女のことを親しみを込めてチーちゃんと呼ぶ。
「チーちゃんは一五歳で正式に歌手デビューしたから、私が知り合ったのはその二年くらい前じゃないかな。チーちゃんが一三歳くらい。私は中学生で、チーちゃん家がまだ三鷹《みたか》にあってね、家にもしょっちゅう遊びに行きましたよ。だから、お母さんのこともよく知っています。進駐軍のところへ呼ばれて歌っていたので、私もそれを聴きに行くようになった。もう立派なスターでした」

終戦間もない当時の女子中学生にして、おっかけをしていたというから、正根寺自身、ずいぶん進んでいたものだ。進駐軍のキャンプで大モテだった江利チエミをスカウトしたのが、キングレコード・ディレクターの和田寿三《わだとしぞう》である。

江利チエミは母・歳子の亡くなった明くる一九五二年一月、「テネシー・ワルツ」と「カモンナ・マイ・ハウス」でレコード・デビューを果たした。デビュー当時のことを知る関係者はずいぶん減ったが、キングレコード元常務の赤間剛勝《あかまたけかつ》は、その貴重な一人といえる。

「和田さんはキングレコードの大先輩で、米軍のキャンプまわりをしていた江利チエミを見染《みそ》めましてね。デビューさせた。デビュー曲の『テネシー・ワルツ』は外国曲ですから、日本語の訳詞をつけた。それも和田寿三さん自身なんです。そのあと牧野《まきの》剛《ごう》さんというディレクターが引き継いで彼女を担当し、間もなく絶頂期を迎えました。私は牧野さんのあと、彼女が亡くなるまでディレクターとして担当しました。その意味では、最後まで彼女を知っています。亡くなったときの葬儀は大変でした」

実は進駐軍キャンプのイベントに出演していた時代、もう一人、江利チエミを見染めた人物がいる。戦後のインドネシア利権に食い込み、政界や財界に睨《にら》みを利かせた久保正雄《くぼまさお》とその夫人である。久保はデビュー前からいたく江利チエミを可愛がり、さらに高倉健の後ろ盾にもなる。

楽屋の押し入れで

高倉健と江利チエミは六歳違いだから、チエミの歌手デビューは、まだ高倉が二一歳、大学生の頃だ。高倉が高校に入学したばかりの郷里の妹・敏子に、彼女の歌う「テネシー・ワルツ」の英語バージョン・レコードをプレゼントしたのは、前に書いたとおりだ。

実妹のいうとおり、高倉健にとって江利チエミは、ずっとあこがれの存在だった。二人の最初の出会いとなった一九五六年公開の共演作「恐怖の空中殺人」は、チエミにとってデビューから五年が経っており、すでに彼女は売れっ子歌手だった。

「チーちゃんは『テネシー・ワルツ』でデビューしたとたん、売れに売れてね、健さんと共演した『恐怖の空中殺人』のときは、もう美空ひばりと並ぶトップスターでし

内藤法美

た。それに比べて高倉健といっても、世間ではほとんど名前も知られていなかったしね。だから映画が上映されたあと、しばらくチーちゃんは健さんのことなんて頭になかったんです」

正根寺勝江が、目を細めながら、早口でまくし立てる。久保家と家族ぐるみの付き合いをしてきた二歳上の元後援会長は、いまも彼女のことが愛《いと》おしくて仕方がない様子だ。後援会の幹部メンバーというより、身内のような存在といえる。それだけに、言葉にも熱が入る。

「チーちゃんが売れるものだから、家族は三鷹から便利のいい吉祥寺《きちじょうじ》に移り住んだ。けど、そこも手狭になってきちゃったのね。それで、千駄《せんだ》ヶ谷《や》に大きな家を建てました。健さんと出会ったのは、そんな頃でした」

正根寺は、まるで実の姉のように、千駄ヶ谷の家にもたびたび遊びに行った。コンサートがあると、楽屋にも自由に出入りしてきたという。

「実はあのころ、チーちゃんには、別に好きな人がいたのよ。ほら、チーちゃんの専属バンドだった東京キューバン・ボーイズのピアノ弾きだった内藤法美《ないとうつねみ》さん。チーちゃんの曲のアレンジをしているうちに、なんとなくそうなったのよね。内藤法美って、ルックスもいいし、チーちゃんが夢中になってね」

さすがに詳しい。正根寺が、高倉健と出会った当時の話をこう続けた。

「チーちゃんは惚れっぽいところがあってね、それまでにも東宝映画三人娘の『ジャンケン娘』（一九五五年公開）でいっしょになった山田真二《やまだしんじ》に憧《あこが》れたり、日劇ダンシングチームの羽鳥永一《はとりえいいち》を好きになったり、いろいろあったんだわよ。それで内藤法美なんだけどね、あの男も図々しいもんだわよ。真夏に千駄ヶ谷の家へ遊びに来ると、上半身裸でパンツ一枚になってくつろいでいたんだから。それを見るとね、私たちだって二人が普通の仲じゃない、と思うわよね」

ところが、内藤法美をめぐっては、チエミのライバルがいた。宝塚歌劇団のトップスターからシャンソン歌手に転向した越路吹雪《こしじふぶき》だ。いわゆる三角関係に近い状態だった、と正根寺があっさりと打ち明けた。

「結論からいえば、内藤さんだって馬鹿じゃないからね。江利チエミは自分よりも格上だから無理だという感覚で、逃げちゃったのよ。越路吹雪だって大したものなんだけど、結局、あっちのほうへ傾いていったみたいな……。それで、チーちゃん、悩んでたの。そういうタイミングでしたね、『恐怖の空中殺人』の共演は。上映が終わってしばらくすると、健さんがチーちゃんの前に現れるようになったのよ」

越路吹雪

人気絶頂の江利チエミが多忙を極めていたのは当然だろうが、一方の高倉健も、ヒットをしないものの映画の撮影は多かった。一九五六年のデビューから一九五八年までの三年間の公開作を数えると三四本、ほぼひと月に一本のペースという殺人的なスケジュールで仕事をこなしていた。

そんな多忙のなか、高倉健は江利チエミのコンサートがあると、決まってそこに姿を現すようになったというのである。

「いまだにわからないのよ、健さんがなんであんなにチーちゃんを追い掛けまわしたのか。日劇や国際劇場などだとあまりにも人の目につくからそうでもなかったけど、それ以外のところは必ず、顔を出していたからね」

正根寺が、さらに興奮気味に声のトーンを上げて話した。

「あのころは、映画館で歌手のワンマン・ショーをやっていたのよ。映画と映画の合間にやる実演っていってね。娯楽の場といえば、映画館と劇場しかなかったから、チーちゃんも映画館の実演に引っ張りだこでした。一回あたりたいてい一時間半から二時間、朝昼夜の一日三回公演でした。いちばん最後の公演が夜の九時ごろに引けるので、それを見計らってね。新宿松竹、渋谷松竹、横浜松竹、川崎松竹……その楽屋に健さんが毎日のように現れるようになったのよ」

いまふうにいえば、江利チエミの追っかけだ。といっても、映画館の前で出待ちするわけではない。劇場には、父親と長兄がマネージャーとして付き添っていたので、劇場の裏口で警備係にこう申し出た。

「高倉健ですが、江利チエミさんに会いに来ました」

すると父か兄のどちらかが迎えにいき、楽屋までいっしょに連れてきていたのだそうだ。

「少なくとも半年くらい、いやもっとだわね。あっちこっち、追いかけてきました。最初は、チーちゃんも単に共演相手がわざわざ訪ねてきてくれたという感覚だったみたい。だけど、あれだけ頻繁《ひんぱん》になると、いつの間にか当たり前のようになっていました」

正根寺が楽屋裏のそのシーンを思い起こしながら、話を続けた。

「そうそう、一度なんか、浜松松竹に追っかけてきたことまであったわよ」

突然、正根寺が膝を叩いて、こう笑い始めた。

「それでね健さん、いつの間にか、はいてきた自分の靴を畳の部屋に持って上がるようになってね。なんとなく週刊誌も騒ぎ始めて、楽屋に取材に来るようになったので。マスコミが取材に来ると困るから、って感じでね。あの当時の映画館の楽屋には押し入れがあるのよね。それでね、誰かが楽屋に訪ねてきたときがあってね、健さん、靴を持って押し入れのなかに隠れちゃったんです」

ケラケラと笑い、苦しそうに胸を押さえながらいった。

「そうそう、中野《なかの》ブラザーズってダンサーがいたじゃない？　チーちゃんがあの人たちとステージで共演するようになって、楽屋に出入りしていたんですよ。それで中野ブラザーズのどちらかが、誰か来ていると気づいたんじゃなかったかな。それでだったのかもね、靴を持って押し入れに隠れてしまったのは」

中野ブラザーズは、江利チエミの日劇リサイタルでタップ・ダンスが有名になり、やがて彼女のコンサートに欠かせない存在になったという。のちに独自にラスベガス公演にも進出した。

入り口に靴がなくとも、テーブルの上には、高倉健が持ってきたケーキが置いてあるので、来客には気づく。

「誰か来たの？」

そう中野ブラザーズがチエミに尋ねると、彼女は押し入れを指さしながら、笑った。

「おかしいのよ、あの別の部屋に健さんがいるの」

はじめは高倉が一方的にチエミに惚れ込んだ。だが、彼女もまた、そんな茶目っ気のある男性に惹かれていった。しつこく口説いた甲斐があったのだろう。いつしか江利チエミのほうが、高倉健に入れ上げるようになる。

躓きの始まり

江利チエミが高倉健に熱を上げるようになったきっかけは、母親代わりの清川虹子のひと言だとされている。

〈「あのね、私は市川雷蔵《いちかわらいぞう》さんが好きなの。でも雷蔵さんの気持ちがわからないの。それでね。中村錦之助さんは私のこと気に入ってくださっているんだけど……」〉（藤原佑好著『江利チエミ　波乱の生涯』より）

そう相談した相手が、チエミが「ママ」と呼んで慕う清川だった。「雷蔵」とは二

帝国ホテルでの披露宴

人のあいだの符牒《ふちょう》で、前述した東京キューバン・ボーイズの内藤のことであり、「錦之助」は高倉健のことを意味していた。このとき清川がチエミに説いた。

「チーちゃんが悩んでいるのは知っているけど、幸せになるには、チーちゃんのことを思ってくれる錦之助さんのほうがいいわよ」

一九五九年二月一六日、二人は東京・日比谷の帝国ホテルで結婚式を挙げた。この日は高倉の二八回目の誕生日であり、チエミがその日を選んだ。挙式には、東映社長の大川博や片岡千恵蔵たちが出席し、孔雀《くじゃく》の間で開かれた盛大な披露宴《ひろうえん》は、森繁久彌《もりしげひさや》や淡路《あわじ》恵《けい》子《こ》、力道山《りきどうざん》まで駆け付け、大勢の芸能・スポーツ関係者が二人を祝った。

「チエミちゃんはあまり神経を使いすぎてお身体をこわさないよう、そこのところは健さんがいたわってあげてください」

そうスピーチしたのが、かつて高倉健にラブレターを送ったという加藤和枝、つまり美空ひばりだった。

二人は、東急田園都市線の二子玉川駅から歩いて五分ほどの世田谷区瀬田に新居を構えた。近所に淡島千景《あわしまちかげ》や宮城《みやぎ》まり子《こ》、ザ・ピーナッツ姉妹などが住んでいる高台の高級住宅街だ。高倉たちから遅れること二年の一九六一年には、あとを追うように結ばれた美空ひばりと小林旭《こばやしあきら》の夫婦も近所づき合いをするようになる。

高倉たちが住んだ家は、八五一・五六平方メートル（二五八坪）もある大きな敷地に建てられた。庭を大谷石で囲んだ真新しい瀟洒《しょうしゃ》な二階建ての豪邸が評判になった。ロッカー付きの一階玄関から家のなかに入ると、応接間と和室があり、リビング・ダイニングでは新妻がかいがいしく夫の世話をした。地下に降りると、サウナ・ルームと自動車二台分のガレージが広がっている。二階には八畳間のベッド・ルームと、同じくらい広いドレス・ルームがあった。二人で住むには十分すぎるほどの広い家で、高倉は新婚生活をスタートさせた。

高倉はチエミに「ノニ」という愛称を付け、彼女は「ダーリン」と呼んで甘えた。ちなみに「ノニ」という呼び名は、チエミの「ああすればいいノニ」「だからいったノニ」という口癖から、高倉が付けたという。一方で彼女は、高倉のことを映画関係者や学生時代の友人が使っていた「ゴウイチ」や「ゴウちゃん」とは呼ばなかったようだ。歳の離れたチエミの異母弟、久保益己《くぼますみ》が、仲のよかった二人について記憶を呼び起こしてくれた。

「そうですね、母（久保益雄の後妻、多紀子《たきこ》）などはゴウチャンと呼んでいましたけど、姉はいつも『ダーリン』でした。僕は健さんの本名をゴウイチと思ってきましたので、小さい頃から『ゴンゴン』と馴れ馴れしく呼ばせていただいていました。ただ、姉が亡くなって命日などに線香を送ってくるときは、健さんはときどき『剛』の一文字だったりしたので、あれおかしいな、と不思議に感じてきました。雑誌や単行本では、姉がゴウチャンと呼んでいると書いているところもありましたけど、僕自身の記憶としては、ダーリン以外にはなかったですね」

益己はこうも付け加えた。

「二人で一緒に犬を連れて散歩させている写真とか、仲よく家でゴロゴロしている映像とか、そういうものも残っています。だから夫婦仲はよかったと思いますよ」

結婚当時、中古のポルシェを買った高倉健が、夜中にしばしば江利チエミをドライブに誘ったのは、有名な話だ。

京都の撮影所近くに住む西村石油社長の西村泰治は、高倉健が関西にやって来ると付き人のように世話をしてきた。他の映画関係者と同じく、高倉のことを旦那と呼ぶ西村に、ポルシェの話を聞いてみた。

「俺が旦那に聞いた話によると、『ポルシェはチエミに買ってもらったんだよ』っていうことでした。わいらはその辺のことわからへんけれども、チエミちゃんは高台に座って、旦那が車を走らせるところを見るのが好きなんだともいうていましたな。『おーい、チエミ、行くぞ。見てろよ』って声をかけると、チエミちゃん、寒うないようにネッカチーフしてパチパチパチパチ手を叩いて『キャーッ、ダーリン、カッコいい』って叫ぶんだそうな。『それがかわいいてたまらん』って旦那が惚気《のろけ》てましたわ」

それが、夜中のデートのパターンだったという。チエミに買ってもらった中古のポルシェは六〇万円だとされた。高倉は手を叩きながら大はしゃぎする新妻《にいづま》をこのうえなく愛《いと》おしく思った。江利チエミのヘア・メイクを担当してきた仲塚愛子《なかつかあいこ》にも、当時の様子を聞いてみた。

「私はスタジオだけじゃなくて、年中、瀬田の家にチエミちゃんの髪を切りに行っていました。チエミちゃんが松竹の映画館に出演していたときでしたね、ポルシェを買ったのは」

こう、ゆっくりと話した。

「チエミちゃんと私が、夜の一二時過ぎとか一時とかにいっしょに松竹から帰ってくると、旦那さんが瀬田の家で待っていらっしゃる。健さんは、本当に映画のあのまま、礼儀正しくて優しい方でした。私は千駄ヶ谷のチエミちゃんのご実家の近所に部屋を借りて住んでいたので、いつも旦那さんが私に『送っていくよ』とおっしゃる。買いたての車で夜中に」

喫茶店で会った仲塚は、注文したホット・コーヒーにも口をつけず、二人の新婚時代に思いを馳《は》せた。

「ところが本当は私、それが嫌だったんです。スポーツ・カーなので、ものすごいスピードですからね。だからチエミちゃんに『怖いから、私はハイヤーのほうがいい』と断ろうとすると、チエミちゃんも『そんなこといわないで、ダーリンがせっかく送ってあげるっていってるんだから』と、いうことを聞いてくれない。ポルシェは助手席しかないので、チエミちゃんは乗らない。だから『私、ずっと目をつぶっています』といったけどダメでした。健さんはものすごく気さくな方で、丁寧なんだけど、あれだけは嫌でした」

　仲のいい二人は、やがて子どもを授かった。

　一〇代のなかばから芸能活動をして久保家の暮らしを支えてきた江利チエミは、ひといちばい普通の家庭生活にあこがれを抱いていたに違いない。四六歳の若さで命を落とした母のことを思い、チエミは結婚するとき、仕事が一段落すれば芸能界から引退する、と高倉に伝えた。高倉本人もそんな彼女の気持ちを嬉しく感じ、九州の小田家も彼女の決意を歓迎した。妊娠は芸能界の引退のいい機会になる。二人はそう考えていた。

　実はチエミが芸能界の引退を決めたのは、高倉健という俳優に惚れ込み、みずからはそのバックアップに徹しようとしていたからだった。かつてのマネージャー、木村《きむら》隆《たかし》に会うと、しずかに記憶の扉を開いた。

「あとからチエミ自身から聞いたのですけど、実は、あの瀬田の家はチエミが買ったものだったんです。あの頃の健さんの給料では、とても買えませんでしょ。でも、チエミは結婚後に引退する決意を固めていましたから、いっしょになるに当たっては、健さんの男を立てなければいけない。だから自分が買ったとはいえないので、健さんの名義にしたのだと思います。あの頃は、生前贈与をしてもそれほどうるさくはなかったから、できたんですけどね」

ところが、二人の思い通りにはいかなかった。おそらくチエミは病弱だった母、歳子の体質を受け継いでいたのだろう。妊娠すると血圧が急上昇し、重度の妊娠中毒症にかかった。歳子は生命の危機を抱えながらチエミを生み、そのまま腎臓を患って病床に伏せってしまった。彼女はそんな母の姿を目《ま》の当たりにしているから怖かったのだろう。妊娠中毒症が悪化すると、出産をあきらめ、人工中絶の道を選んだ。

それが、二人にとって結婚生活における最初の躓《つまず》きだったといえる。

だが、生来、明るい性格の江利チエミは、それでへこたれることはなかった。チエミは文字どおり、映画俳優として芽が出始めた夫に献身的に尽くそうとしてきた。ようやくスター街道の緒についた夫は徐々に忙しくなり、大泉《おおいずみ》にある東映東京撮影所に寝泊まりすることが多くなった。すると、弁当をつくって持参した。

しかし皮肉にも、高倉健が活躍すればするほど、二人の溝は深まっていった。

破局への道のり

東映任侠映画スターの高倉健が誕生した記念すべき作品——。「日本侠客伝」は、毎日新聞が企画した「追悼《ついとう》特別展　高倉健」で配られた分厚い冊子にそう紹介されている。一九六四年八月の公開、実にデビューから九六作目の映画である。

「健さんの映画はそれまでぜんぶ赤字で、この映画で初めて黒字になったのです。これが俊藤浩滋さんのプロデュースでした。実はこのとき中村錦之助（萬屋錦之介）が、俳優組合の委員長になったせいで主役をできなくなってね。それで錦之助も出演はしているけど、健さんが主役に抜擢《ばってき》された。だから最初の『日本侠客伝』の興行収入は錦之助人気のおかげもあった。ですが、シリーズ化されて、それが慣れてくると、収入が一定しちゃって、錦之助がいなくなって高倉健のものになっちゃう。その手品は俊藤さんの仕掛けなんです」

先の東映プロデューサー、吉田達がこう説明する。「日本侠客伝」からさらに「昭和残侠伝《ざんきょうでん》」へと、高倉の出世作の任侠シリーズが生み出された裏事情について、こう打ち明けてくれた。

「最初の『日本侠客伝』は（脚本家の）笠原和夫《かさはらかずお》が書いたものなんだけど、もとは俊藤さんが彼に話したストーリーでした。『忠臣蔵』をヤクザ映画につくり変えたものです。そこから『昭和残侠伝』が大ヒットするんだけど、このとき俊藤さんから、『おい達、「日本侠客伝」の台本を送るから、（「日本侠客伝」に出てくる）大正時代の花電車なんかを昭和ふうに換え、表紙を「昭和残侠」って書け』って指示された。そしたら、笠原和夫がカンカンに怒って、『達ちゃん、おまえは常識あるプロデューサーだと思ってたら、何だ、あの脚本《ほん》は盗作だ』って電話かかってきた。けど、もともと『日本俠客伝』も俊藤さんの忠臣蔵で、笠原のオリジナルじゃない。だから、結局は黙るしかなかったんだよ」

斜に構える吉田は、決してストレートに人を持ち上げるような表現はしないが、忠臣蔵をモチーフにし、次々とヤクザ映画をつくる俊藤の映画センスをことのほか評価している。実際、高倉健の任俠路線がヒットしたのは、忠臣蔵のような浪花節的な描き方があればこそだろう。

吉田は岡田茂とともに、高倉健と鶴田浩二の二大スターが主演した一九六三年三月公開の「人生劇場　飛車角」なども手掛けた。それなりにヒットはしたが、やはり高倉健をスターに押し上げたのは、一九六四年から一九七五年にかけてつくられた俊藤作品である。

先の「日本俠客伝」に続き、翌一九六五年四月公開の「網走番外地」、さらにこの年一〇月公開の「昭和残俠伝」が、日本映画界の新星を生んだ。「網走番外地」は俊藤のプロデュースではないが、この三作品が、のちに日本を代表する銀幕スターの道を切り開いたシリーズだといっても過言ではない。

九六作目の「日本侠客伝」から一挙にブレークした高倉健は、一九七五年一〇月に公開された一八三作目の「神戸国際ギャング」にいたるまで、一一年のあいだに八八作もの映画に出演してきた。なんと一年に八作のペースで撮影をこなし、おまけにそのほとんどが主演なのである。これでは、夫婦生活などあったものではない。

この間、本人は歌手デビューも果たしている。最初の曲が東映と関係の深いテイチクレコードから発売された伊藤一《いとはじめ》原作の「網走番外地」で、次が水城一狼《みずきいちろう》作詞作曲の「唐獅子牡丹《からじしぼたん》」である。唐獅子牡丹は、江利チエミのたっての希望で、キングレコードから発売された。

その経緯について、江利チエミを発掘したキングレコードのディレクター、和田寿三が生前にこう語っている。

〈「チエミは、健さんの『網走番外地』を映画館で見てえらく感心したようです。大変に褒めていましたよ。主題歌をよく口ずさんでいました。『唐獅子牡丹』のレコーディングの時は、口移しのようにして付きっきりでアドバイスをしていました。チエミは健さんと一緒に何回もスタジオに来てレッスンをしてくれました」〉（藤原佑好著『江利チエミ　波乱の生涯』より）

江利チエミは、高倉健の歌手デビューを喜んだ。だが、ふだん二人はなかなか会えない。チエミのヘア・メイクをしてきた仲塚が言葉を絞り出すように、つぶやいた。

「最初は私も会えましたけど、ヤクザ映画を撮るようになって、旦那さま、健さんは忙しくなっていました。チエミちゃんもすごく忙しいときで、本当に会う時間なんてないのです。すごく仲よかったんですけど」

チエミは高倉に会えない代わり、みずからのジャズ・コンサートの合間に、レコーディングを手伝った思い出の曲を歌った。「唐獅子牡丹」だ。

「私の大好きな曲です。高倉健さん、素敵な人でしょ。聴いてください」

ときおり声を詰まらせ、大きな瞳《ひとみ》を潤《うる》ませながらしんみりと高倉健の曲を歌った。

そして、やがて二人は破局を迎えた。

ホテルに訪ねてきた大物女優

高倉健には長らく同性愛者という噂があったが、前述のとおり、女性にモテなかったわけではない。江利チエミとの離婚後、むしろ相手のほうがその気になって、浮き名を流すケースも少なくなかった。そのなかには、実際に関係を持つ場合も、交際を進めたこともあった。

「大原麗子なんかも健さんにぞっこんやったな。あれは日比谷の東宝劇場だったと思うけど、『居酒屋兆治』のロケに行ったあとにも、大原麗子が来とったわ。『ヤッさんは幸せね。健さんといつもいっしょにいられて。私も健さんに惚れてるの』っていうんや。参ったで、それを周りが聞いとる。だから噂になるがな」

そう打ち明けるのは、京都の西村石油社長、西村泰治だ。西村は一〇代のときから東映の製作課員として太秦《うずまさ》の撮影所に出入りしてきた関係で、俳優の知り合いが大勢いる。京都における高倉健の「付き人」だ。

「でも旦那（高倉）は、なかなかその気にならへんのや。『泰治、俺の前に女は止まるけど、俺は手を出さん。自分を抑えとる。お前とちょっと違うんや。バカもん』と、よくいわれました。『昭和残侠伝』シリーズを撮っている最中、俊藤さんがみなを連れて神戸の福原というソープランド街に繰り出したことがあったけど、あのときもそうやったんや」

西村は高倉の通った京都のイノダコーヒーの常連だ。高倉の指定席である二階の奥でしみじみと語った。

「福原の『いろは』という店でね。今日はホームランで頼む、というと女将が順番を飛ばして指名の女の子を付けてくれるんです。当時、五万円ぐらいしたはずや。映画のスタッフみなで行くから旦那も付き合う。そやけど、何もしいひんと帰ってくるのです。そんな人でした」

高倉健は「日本侠客伝」「網走番外地」「昭和残侠伝」といった任侠シリーズのときから、三《み》田《た》佳子《よしこ》や藤純子《ふじじゅんこ》（現・富司純子）、大原麗子などと共演した。共演者の多くが高倉健を慕い、前述したように、富司純子などは九州の菩提寺に墓参りまでしている。

映画の共演を機に情を交わすようになった女優の一人に、十《と》朱《あけ》幸代《ゆきよ》がいた。「地獄の掟《おきて》に明日はない」（一九六六年一〇月公開）や「日本侠客伝　刃《ドス》」（一九七一年四月公開）で共演に抜擢《ばってき》され、とりわけ「刃」は日本侠客伝シリーズの最終一一話としてヒットする。その映画が封切られてずいぶん経ったとき、高倉と十朱の浮き名が流れ始めた。

「高倉健の映画はどれも大当たりしただろ。公開前には俳優がスタッフといっしょに映画のキャンペーンで全国を回るんだよ。それで健さんが、名古屋のホテルに泊まっていたらしいんだ。そのホテルの部屋にな、東京からわざわざ夜中にやって来たんだとよ、あるとき十朱幸代が……」

こう衝撃的な話をしてくれたのは、前述した元角川映画社長の大物映画プロデューサー、黒井和男である。真夜中に有名女優がホテルを訪ねるようなスキャンダルがばれたら、映画のキャンペーンどころではない。高倉に同行していたスタッフが十朱を止め、事なきをえたという。

「そんな話だったな。『頼むから帰ってくれ』と彼女を説得したんだと。十朱幸代もすでに大スターなのにな。まあ、そういうタイプかもしれんけど、とくに健さんに対して情熱的だったんだな」

十朱幸代が高倉健を追いかけまわしていたという話は、のちに芸能界でも知られるところとなる。ホテルではなく、瀬田の自宅にたびたび現れ、それを目撃した芸能記者もいたという。芸能記者が高倉との関係を質問すると、十朱はあけすけに答えた。

「できれば結婚したいの」

十朱幸代

十朱については、その後、数々の恋愛話が浮上しては消えたが、その最初が高倉だったに違いない。しかし袖《そで》にされてしまった。

また、一九七八年一〇月公開の角川映画「野性の証明」では、薬師《やくし》丸《まる》ひろ子《こ》が「頼《より》子《こ》」という女子中学生役で好演し、人気を呼んだ。高倉はそれ以降、彼女のことを実の娘

薬師丸ひろ子

のように可愛がってきた。むろん男女の関係ではないが、青山のアパートに住んでいたひろ子を瀬田の家に住まわせていたことまであるという。黒井が語る。

「まだ中学二年生だよ。薬師丸ひろ子は、もうアイドルになりかけてたからな。ファンが家を探してワーッと押しかけて来ちゃうだろ。そうなると大変だから、俺が『健さんの家に置いてくれないか』って頼んだんだよ。そしたら『いいですよ』と了解してくれてね。半年ぐらいいたな。でな、ある日あの子が（角川映画の事務所に）真新しいコートを着て出社したんだよ。それで、『何だ、そのコートは？』て聞くと、『高倉さんに買っていただきました』というんだ。中学生にバーバリーのコートなんだよ。健さんは、人にプレゼントするのが趣味みたいだったけど、やっぱり目立ちすぎて困ったよ」

このころ高倉健の映画出演は破格の高額ギャラになっていた。推定だが、「野性の証明」で五〇〇〇万円、その次にフジテレビや東宝などが一年間拘束《こうそく》して撮影した一九八三年七月公開の「南極物語」は、実に一億円である。

おまけに、高倉は東映から独立して高倉プロモーションを設立して以降、プロフィット契約を結んできた。簡単にいえば、映画の興行収入利益に応じた配当が上乗せされるわけだ。たとえば「南極物語」だと、それがざっと三億円だったということから、トータルで四億円が映画出演のギャラという計算になる。デビュー作の「電光空手打ち」が税込みで二万円だったので、その二万倍のギャラだ。

日本の景気は高度経済成長が終わりを告げ、バブル経済の到来までのいわば谷間だった。あこがれの輸入車、ベンツが五〇〇万円もしないようなときに、一本の映画で四億円も稼ぐ高倉のギャラは、文字どおり映画界でも群を抜いていた。

もとより撮影時にかかる移動交通費や食事などの経費は別払いだ。高倉はその生涯収入が一〇〇億円を超えると伝説的にいわれてきたが、それもあながち的外れではないかもしれない。高倉は江利チエミに買ってもらった六〇万円の中古のポルシェから新車に乗り換え、ベンツを含めて高級車を何台も所有するようになっていた。

モテる秘訣

また、「野性の証明」の前年に公開された「幸福の黄色いハンカチ」で共演した倍《ばい》賞千恵子《しょうちえこ》との交際もしばらく取りざたされた。それは、高倉が倍賞の家を訪れたという目撃談から広まったのだが、これも結局のところうやむやに終わっている。

京都の西村は、高倉がモテる秘訣についてこういう。

「旦那は優しいところがあるんや。『鉄道員《ぽっぽや》』（一九九九年六月公開）にしても、『ホタル』（二〇〇一年五月公開）にしても、ロケのときには女優に気を遣うてた。たとえば『ホタル』の冬の寒い撮影のさなか、俺が旦那のところにガンガン（炭を焚《た》いている一斗缶）を持っていくと、『泰治、ここはいらんから、あっちへもっと頼む』と、田中裕子《たなかゆうこ》のところへ持っていくよう指示するんや。そういうことをするから、ほろっとくるわな。本当にそういう優しいオッサンやねん。これはたまらんで。まあ、あんまりいえんけど、惚れる女優はいっぱいおったで。けど、滅多《めった》に旦那は手を出せへんのや」

田中裕子とは食事をともにするだけだったともいう。西村はこんな話もする。

「イランで撮影した（一九七三年一二月公開の）『ゴルゴ13』のときや。向こうのふっくらしたイラン皇室の王女の一人が旦那の相手役になって、撮影のときに惚れててな。あとから東京まで追いかけてきたんや。そんなことまであったで」

京都撮影所に通ううち、行きつけになった木屋町のしゃぶしゃぶ屋の娘といい仲になり、東京・大久保に住まわせていたという話もある。

「ゴルゴ13」のワンシーン

ただし高倉健は交際が発覚しそうになると、必ずといっていいほど、すぐに身を引く。そんなパターンなのだそうだ。その典型が、高倉の死後ほどなくしてみずから名乗り出た児島《こじま》美《み》ゆきかもしれない。

〈私、三〇年近く、彼を恨《うら》んで恨んで、恨みつづけてきたんです。世間体《せけんてい》を大切にして私を振った、ひどい男だと、近しい人にも言いつづけてきました〉

高倉健の急逝したひと月半後、「週刊現代」(二〇一五年一月三・一〇日号)に「高倉健さんと暮らした三〇〇日」という児島美ゆきのインタビュー記事が掲載された。一九七〇年代に

児島美ゆき

「ハレンチ学園」でブレークした児島が高倉の恋人だったと告白し、話題を呼んだ。

二人が出会う発端《ほったん》は一九八一年から一九八二年にかけて放送されたテレビドラマ「北の国から」（フジテレビ系）だった。児島がスナックのホステス「こごみ」役で出演したのがきっかけだ。演じる彼女を高倉が見染めたのだという。

「健さんが芝居を褒めている」

唐突に主役の田中邦衛から電話があり、そのあと本人から彼女が連絡を受けたという。自宅にやって来た高倉は、彼女をドライブに誘い出し、やがて男女の仲になった。

児島は「剛《ごう》ちゃん」、高倉は三一歳の児島を「ミッキー」と呼んだ。いわば、どこにでもいそうな歳の差カップルである。高倉は瀬田のほかに、一人で過ごすマンションを赤坂に持っていた。児島によると、外国人仕様の広いそのマンションで、一年近く半同棲生活を送ったという。

だがその同棲生活は、一九八四年の芸能誌の報道によってあっさり終焉《しゅうえん》を迎えた。

「しばらく会えない、半年から一年、待ってくれ」

彼女は高倉から一方的にそう告げられた。ストイックなまでに用心深いだけに、芸能スキャンダルとして泥にまみれるのを嫌ったのだろう。

当然、捨てられた女性には恨みが残る。児島美ゆきは高倉健の死後、「週刊現代」だけでなく、いくつもの雑誌や新聞のインタビューを受けてきた。実際、高倉に振られた恨みがそれらのインタビューから垣間《がいま》見《み》える。

だが、その一方でこうもいっている。

〈「切ないくらいに『高倉健』を貫いた彼の人生を思うと涙が出ます。〝伝説の男性〟の人生にささやかな一年でも関わり合えたことが今はただ嬉しいです」〉（「サンデー毎日」二〇一五年一一月二二日号）

高倉健ファンに気を遣っているようにも受け取れるが、児島美ゆきにしてみたら、この言葉は未練ではなく、あきらめに近い心境なのかもしれない。

しょせん不釣り合いなカップルだった――。彼女はそう考えるしかなかったが、一連のインタビューのなかで彼女は、自分自身のことを「明るいところが江利チエミに似ているといわれた」とも吐露している。

「結局、ダーリンは、私でなきゃあダメなのよ」

生前の江利チエミは、かつての夫の浮き名を耳にするたび、ママと慕う清川虹子にそう愚痴《ぐち》とも自慢ともつかぬ言葉を漏らしたとされる。事実、高倉健の女性観は、その言葉に尽きるのかもしれない。

第四章　純愛の男

入院先の電話

映画デビューして間もない頃の高倉健は、京都でロケがあると、ホテルフジタに宿をとり、そこから東映の太秦撮影所に通ってきた。だが、殺人的なハード・スケジュールのうえ、極端に朝が弱いせいで、遅刻ばかりする。寝起きの悪い本人を叩き起こし、撮影所に車で運ぶのが、西村石油社長の西村泰治の仕事の一つだった。

やがてホテルに泊まるのが面倒になった高倉は、撮影所に近い西村の家で寝泊まりするようになった。そんなある日の出来事である。

「梅田のコマ劇場でチエミのショーがあるから、いっしょに行かないか」

高倉が西村を誘った。西村の回想——。

「二人が結婚して間なしの頃やったな。わしが旦那（高倉のこと）を車に乗せて大阪のコマまで行ったんです。何の舞台かも知らんととりあえず行くと、芝居と歌謡曲のショーが半々、そんな感じの公演やった。それで、公演が終わって楽屋でチエミちゃんと会うたんや。『いつも主人がお世話になっています』と丁寧な挨拶《あいさつ》をしてもろてなぁ。とても優しい女性や思いましたわ」

西村が江利チエミと顔を合わせたのは、新婚の頃の、この一度きりしかない。

高倉健と江利チエミの結婚生活は、一九五九（昭和三四）年二月一六日から一九七一年九月三日まで、一二年半続いた。初々しい新妻のチエミと会った西村は、それから一〇年以上が経ったのち、再び彼女の声を聴いた。二人が離婚した一九七一年夏のことである。

「旦那が体調を崩してこっちの大和病院に検査入院しているときか、そのすぐあとやったかな。大和病院はひばりちゃんなんかも入院していたし、俳優の扱いに慣れてるさかい、融通《ゆうずう》が利《き》くんや。入院しているときなんかの病室の名札は、『小田剛一』とも『高倉健』とも書かん。俺の『西村泰治』を使っていました」

西村が膝を打った。

「そうや、思い出した。たしかあのときは、旦那が検査入院したあと、滋賀県にあった大和病院の院長の別荘に、わしと健さんで隠れていた。そのときやな……」

西村が頭を掻《か》きむしりながら、脳裏にしまい込んでいた記憶を引っ張り出した。

「俺はその電話をそばで聴いてたんや。というか、聴かんようにしてたけど、自然と聞こえてくるがな。旦那の握る受話器から『もう、もとに戻れないのかしら？』と、切ない声がしていましてな。その声を聴きながら、旦那は『チエミ、いったん別れるって新聞に出たんだから、いまになってまたいっしょになるとはいえないだろ』と、静かになだめていました。『まして、おまえから（離婚を）切り出してきたんじゃないか。これ以上いっしょにいると、お互い不幸になる。だから、別れるより仕方ないんじゃないか』と……」

電話は、二人が別々に離婚会見をしたすぐあとだった。いったん電話を切ると、高倉健は西村に向き直った。

「おいヤス、これから俺、ハワイに行ってくるよ」

このとき西村は、それが何を意味するのか、皆目、見当がつかなかったという。

高倉の向かったハワイは二人の新婚旅行先である。その高倉のハワイ行きをどこで耳にしたのか……チエミもあとを追うようにハワイへ急いだ。

溺愛した養子の死

一九五八（昭和三三）年のゴールデン・ウイークが明けた五月六日、高倉健は江利チエミの日劇公演終了を待って婚約を発表した。この年の夏には、二人で九州の実家や親戚を訪ね、挨拶まわりを済ませる。

福岡県八幡市（現・北九州市八幡西区）に住んでいた高倉の四歳違いの実妹・敏子は、そのときの様子を今でも鮮明に覚えている。

「チーちゃんが、香月の家に婚約の挨拶をしに来たんです。それでね、母がチーちゃんに翡翠《ひすい》の指輪をプレゼントしてね。それを指に着けたまま、親戚の家をまわっていたんだと思うんです。その途中やなかったかね。従兄弟の家に行く前やったと思います。ちょうど（鹿児島本線）折尾《おりお》駅でファンに囲まれて大騒ぎになってですね。そんままタクシーに乗ると、指輪が見当たらんようになってからねぇ」

翡翠の指輪は、駅前でファンに囲まれてもみくちゃにされているあいだに落としてしまったに違いない。ファンの渦に戻るわけにもいかないので、フィアンセの高倉は、半べそをかいているチエミの頭をなでて、そのままタクシーを走らせた。

郷里の妹・敏子は、ことのほか江利チエミと心安く付き合ってきた。世田谷区瀬田に新築した家にしばらく滞在していたことまであるという。

「瀬田の家で暮らしたていうても、少しのあいだだけなんよ。私が押しかけていったんです。そりゃあ、チーちゃんとはずっと文通していましたから、チーちゃんに伝えたうえで、東京に行きました。遊びに行っただけ。まだ新幹線がなかったので、二四時間、汽車に揺られてね。そうしたら、兄に『妹が遊びに来るから迎えに行ってやってくれ』といわれた東筑高校の同級生が、東京駅まで出迎えてくれましてね、そこから瀬田の家にね」

結婚直後の二人

高倉健と江利チエミの結婚生活は、幸せと不幸が交互に訪れるような日々だったといえる。結婚式を挙げて間もなく妊娠した新妻は、重度の妊娠中毒症にかかり、子どもをあきらめざるをえなくなった。だが、夫は傷心の妻をいたわり、妻は前を向いて暮らし始めた。

結婚によっていったん芸能界引退を決めたチエミは生活方針を変え、歌手活動を再開した。この間、チエミの実父・益雄が、今西多紀子《いまにしたきこ》と再婚する。もとはといえば、多紀子は彼女の熱心なファンで、後援会長の正根寺勝江と同じくチエミの親衛隊の一人だった。正根寺の紹介で、多紀子がチエミの身のまわりの世話をするようになり、実父の益雄といい仲になったのである。チエミにとって、わずか四歳違いの若い母親だが、気心は知れている。

江利チエミは舞台や映画で見せるその姿のまま、とにかく明るい。幼い頃から彼女が生計を支えてきた久保家では、親子きょうだいの仲もよく、円満に過ごしてきた。多紀子も家族に慣れ親しんでいたので、新たな母と娘の仲もまた、まったく問題なかった。むしろチエミは新しい母親ができることを喜び、祝い事のおかげで、妊娠中絶の痛手も癒えつつあった。

みずからの妊娠をあきらめたチエミは、次兄・甫の息子を養子にしようと夫の高倉に提案した。その幼子は悟《さとし》といい、高倉も彼女の意見に賛成した。悟は、みなの真似をしてチエミのことをチーちゃんと片言で呼び、チエミはその言葉を捩《もじ》って、逆に悟に「チャーチ」というニックネームをつけた。

「チャーチ、可愛いでしょう。ダーリンはどう思う？」

悟の目の前で相談された高倉は、その幼い子を抱き上げた。

「もちろんだよ、なあ、チャーチ」

ところがそんな矢先の一九六一年一〇月二日、悟が事故死してしまう。甫夫婦の住んでいる横浜市鶴見区の家でひとり留守番をしていた悟は、雨がやんだので家から駆けだした。家の裏の土手を越えて線路に近づいた。そのとき、京浜急行の電車が走り去った。小さな悟は、その風に吹き飛ばされて電柱に激突してしまったのである。

「悟君はすごく元気で、きれいな顔をしていました。だから二人は余計に可愛かったんだと思いますよ。チャーチ、チャーチって呼んでね、家に遊びに来ると、帰さなかったもの」

ヘア・メイクの仲塚愛子が、悟の不幸な出来事を思い出し、小さな声でつぶやいた。

「ちょうど私とチエミちゃんが、お仕事で新潟に行っていて、テレビ・ドラマの『咲子さんちょっと』の録画ビデオをみなで見ようとしたときでした。そこへ電話がかかってきたんです。訃報《ふほう》を聞いたチエミちゃんは『チャーチが死んじゃった』って泣きじゃくってね、本当にかわいそうでした」

皮肉にも悲劇は、新しい母・多紀子が男の子を産んだ、その日の出来事だった。前出した江利チエミの異母弟・久保益己の誕生日である。猛スピードでスターの階段を駆けのぼっていった銀幕の世界における活躍とは裏腹に、高倉健の夫婦生活は、その身を削られるような苦難に見舞われた。

一変した結婚生活

結婚当初から不幸に見舞われた、そんな高倉の夫婦生活を支えてくれた女性がいる。チエミの幼馴染で、父方の従姉妹にあたる宮原公子《みやはらきみこ》だ。公子は、チエミの父益雄の長兄の娘として福岡県に生まれたが、幼くして上京し、チエミといっしょに育った。彼女にとっては、姉のような存在である。

映画俳優とジャズ歌手、ともに多忙な高倉夫妻は公子に家事の手伝いを頼んだ。公子は歌手としてカムバックしたチエミに代わり、骨身を惜しまず高倉の身のまわりの世話をした。

「健さんって、本当に規律正しい人でね、なんでもビシーッとそろっていないと気が済まないのです。洋服にしてもそう。たとえば同じ黒でもいろいろあるでしょ。ねずみ色に近い黒が好みで、そればかり。ジャンパーが好きな方で、同じようにしか見えないものがドレス・ルームにズラーッと並んで吊るされているんです。その並び方が少しでもずれて曲がっていると、『○×番目のジャンパーが変だから直してください』とキミちゃん（公子）に指示して直させる。そんな方でした」

ヘア・メイクの仲塚愛子が、身振り手振りを交えて説明してくれた。

「だからキミちゃん、大変でしたよ。陰では『そのくらい自分で直せばいいのに』とブツブツいっていました。いっぺん、おかしなことがありましてね。九州からお兄さん（長兄の小田昭二）がいらっしゃったとき、ジャンパーが一着、消えていたんです。それで旦那さんが、どこへやったんだ、と大騒ぎ。で、キミちゃんが『お兄さんが着ていましたよ』といってね」

異様なほど几帳面《きちょうめん》な高倉は、それでいて公子に対して礼儀正しく、気前よくプレゼントもする。そのため公子は愚痴をこぼしつつも、居心地はさほど悪くはなかった。高倉は気難しい反面、茶目っ気もあり、家のなかでは饒舌《じょうぜつ》で、ジョークを飛ばした。妻の前では裸踊りまでして見せていたという。

チエミは亭主に尽くそうと、公子といっしょに料理の勉強までした。幼馴染の公子はそんなチエミを微笑ましく思い、ともに暮らしていて楽しかったようだ。

おなかの子と養子という尊い二人の命を相次いで失くした高倉夫妻は、犬を飼った。小さなヨークシャー・テリアから大型のコリーまで、いつしか愛犬は九頭に増え、二人は可愛がった。高倉自身も犬好きで、時間のあるときは家のなかや庭を走りまわる九頭の愛犬の面倒をみた。

公子は九頭の愛犬の散歩を欠かさない。チエミに料理を教え、二人はいっしょに台所に立って夕食の工夫《くふう》をした。若い夫婦がそんな公子に感謝してきたのは、いうまでもない。

そうして、養子にしようとした悟の死から九年が瞬《また》く間に過ぎた。高倉もチエミもかなり仕事を詰め込んでいたが、その分、充実していたともいえる。

「旦那が家で寝とると、チエミちゃんが遅くに帰ってくることもようあったみたいや。おまけに、しょっちゅう丹下《たんげ》キヨ子《こ》や清川虹子を連れて帰ってくるらしいわ。『俺はチエミのことがものすごく好きやけど、あれは何とかならんかな』と旦那がこぼしていたことあったで」

京都の西村が、高倉から側聞した話として、こんなユニークなエピソードを教えてくれた。

「よっぱらったおばはんたちが、『おい、健、なに寝てるんや、起きろ！』いうてね。特に丹下キヨ子はひばりちゃんの親代わりみたいにいわれていたから、大きな顔して好き放題なんやろな。ひばりちゃんもいっしょに家にときどき来てたらしい。ひばりちゃんは大人ししとったらしいけど、あのおばはんたちがな、ものすごうクセ悪いらしいねん。もともと健さんは朝が弱いのに、寝られへん。だからますます大変なんや、いうてました」

芸能人でなくとも、この手の仕事上の付き合いはあるが、ここまでするのは珍し

丹下キヨ子

い。もっとも、夫婦にとってはこのあたりが、いちばん穏やかで幸せな時期だったといえるかもしれない。それが一変したのは、結婚六年目に入ってからのことである。

ちょうど一二年あまりの結婚生活の折り返し点に当たる。この頃、従姉妹の公子に縁談が持ちあがった。

相手は九州大分の男性で、むろん高倉夫妻は、それをことのほか喜んだ。花嫁支度《したく》いっさいの面倒を見て、嫁に送りだした。そのあと公子と入れ替わって、家政婦として家に入ってきた女性が問題だった。二〇以上歳の離れたチエミの異母弟・久保益己が記憶のひだをめくる。

「あの人は、僕が幼稚園児だった頃から、瀬田の家に住み込みで働いていましたよ。僕は彼女のことを『バーバ』と呼んでてね。親戚だと聞かされていましたから、親戚のおばあちゃんという感覚でした。しかし、まさか、あんな大事件を引き起こすとは……」

益己のいった「あの人」こそが、自称・江利チエミの異父姉である。

高倉健が江利チエミと離婚する原因となったのが、のちにこの異父姉の引き起こした事件だ、と芸能マスコミは報じてきた。それは間違ってはいない。半面、二人の離婚の真相はそれほど単純でもない。

多事多難な結婚生活のなかにあって、とりわけ彼女が登場した後半の六年は、壮絶な出来事が立て続けに起こった。益己のいう「大事件」のあらましはこうだ。

幼くして実母と生き別れになったという江利チエミの異父姉が、計画的に彼女に近づき、家政婦兼付き人となる。姉は献身的に働くふりをしながら信頼を勝ち得て、チエミの芸能活動における経理や資産管理まで任されるようになった。

そんな折、高倉夫妻を火災が襲う。家から焼け出された夫婦は、別居を余儀なくされた。それと相前後し、異父姉は夫婦仲を引き裂こうと、あらぬ噂《うわさ》を流していく。チエミの実印を持ち出して預貯金を使い込んだあげく、借金を重ねるようになる。いつの間にか江利チエミは億単位の借金を背負い込む羽目《はめ》になり、異父姉を刑事告訴する――。

高倉夫妻を襲ったこの大事件には謎が多く、いまだ事実関係がはっきりしない。そこで改めて当時の報道や関係者を訪ね、詳しく検証してみた。

異父姉の「復讐計画」

まだ高倉健と江利チエミが出会う三年以上前の一九五三（昭和二八）年にさかのぼる。大事件の発端は、七月二八日付「中日新聞」の記事だった。そこに、名古屋市の中京劇場へ公演に訪れていたチエミ一家のことが紹介されていた。

〈チエミの母は谷崎歳子〉

汲田《くみだ》よ志子《しこ》は、たまたまそれを目にした。よ志子はすぐに、谷崎歳子がかつての花形喜劇女優であり、本名・と志、旧姓・林だったことに気づいた。だとすれば、江利チエミの実母と自分の実母が同一人物だということになる。そうして、よ志子は、父親の異なるチエミの実姉として、みずから久保家に名乗り出るのである。

よ志子は一九二五（大正一四）年一一月一五日に生まれた。本人が語ったところによれば、谷崎歳子こと、林と志と浅草の軽演劇一座の座長だった鈴木康義とのあいだに生まれたが、このとき鈴木には正妻がいたため、吉田時次郎《よしだときじろう》・かく夫妻の養女に出されたとされる。

一五歳でデビューして以来、華やかなスポットライトを浴び続けてきたスター歌手のチエミに比べ、異父姉であるはずのよ志子はいかにも不遇だった。養父の時次郎は、彼女が七歳のときに心臓麻痺《まひ》で急逝し、太平洋戦争前夜の一五歳のときには、養母のかくが腹膜炎であっさり命を落とした。

「おまえの実のお母さんは、谷崎歳子という人だよ」

かくが亡くなるとき、そう告げられたと、本人がのちに語っている。その言葉を胸に刻んで、戦中・戦後を生き抜いてきたという。

よ志子は、まさしく赤貧洗うがごとき苦難の少女時代を送ってきた。最終学歴は尋《じん》常《じょう》高等小学校卒業。町工場の女子工員として働き、電話交換手や生命保険の外交員などの職を転々としながら食いつないできた。

辛酸《しんさん》をなめながら、二二歳で和裁職人の汲田三郎《さぶろう》と結ばれ、三人の子どもをもうける。しかし、夫は足が不自由で仕事もままならず、生活は苦しかった。そんなときに目にしたのが、くだんの「中日新聞」の記事だったのである。

亡くなる間際に養母の残した一言から、よ志子は、実母が戦前に活躍した喜劇界のスター谷崎歳子だと思い込んできた。だが、まさかそれが江利チエミの実母だったとは、想像もしてこなかったという。

すでに歳子はこの世にいないが、よ志子にとって、それは驚愕《きょうがく》の事実であり、養母の遺言が真実ならば、あの江利チエミが異父妹ということになる。

よ志子は、すぐさまチエミのところを訪ねた。訪ねたのは、チエミの泊まっている柳橋の「金秀《かねひで》」という旅館だったという報道がある。

〈女中に私の名を告げると、お父さんの久保がわざわざ玄関へ出て来てピタリと坐り、「本当に歳子に生きうつしだ。よく訪ねてくれた。歳子は毎日タンスの中からおまえの写真を出して会いたいと言っていた」と言ってくれた。

その時は、チエミを驚かしてはというので姉の名のりは避けたが、その後チエミがアメリカから帰って、父から知らされたということを、チエミ本人の口から聞いた〉

(「週刊ポスト」一九七二年二月一一日号)

これは事件が発覚したのち、よ志子本人が「週刊ポスト」宛に寄稿した手記の一節である。したがって、なんとなくできすぎた話にも思える。どこまでが事実か、怪しい部分も多い。

「へぇ～、そうなの。初めて知ったわよ、旅館だなんて。それじゃあ、旅館なのかしらね。でも、私は楽屋としか聞いてないわよ。私は、ちょうどあのとき自分が結婚したばかりだったから、名古屋のチーちゃんの公演についていけなかったしね」

週刊誌の手記を読んでいないというチエミの後援会長だった正根寺は、改めてこう驚く。ヘア・メイクの仲塚も、「週刊ポスト」の手記のことを知らなかった。だが、実はこのとき、当の仲塚本人が名古屋の中京劇場へ同行している。

「私は食事をするときも寝るときも、年中、チエミちゃんたちといっしょだったからね。たしかに、その方（よ志子）は、訪ねてきました。私は、その場にいたから、よく覚えています。でもチエミちゃんやお父さんは、旅館なんかに泊まりません。いつもホテルだったからね。彼女を見たのは、（旅館ではなく）楽屋でしたよ」

そして突然の訪問に驚いた、と当時の印象を話してくれた。

「楽屋って誰でも入れるわけではないでしょ。それが見ず知らずの人だったので、びっくりしちゃったわけ。チエミちゃんのお化粧直しを始めたときでした。あれ、誰だろう、と思ってね。後ろを見ると、子どもを背負った女の人が入ってきたんです」

楽屋には江利チエミと仲塚のほか、マネージャー役の長兄・亨や実父の益雄もいた。誰が楽屋への入室を許可したのか、それが不思議だったという。

「それで、あとからチエミちゃんに『あの方は、どなたですか』と聞くと、事情を知っているのか知らなかったのか、何もいわない。それで、トンちゃんお兄さん（長兄の亨のこと）にも聞いたんですが。でも話が途切れ途切れで要領をえない。なんか変なので、二日くらいあとだったか、移動の車のなかで、もう一度トンちゃんに尋ねたのです。すると、ひと言『身内の者だよ』と答えるだけでした」

仲塚は、そういえば亡くなったチエミの母・歳子によく似ていると感じたとも話した。

「私は家に飾ってある写真や油絵の肖像画でしか見たことないけど、たしかにお母さんにそっくり。色が白くてかわいくてね。だから、チエミちゃんは彼女のことを異父姉だと信じていたようです」

関係者の話を総合すると、仲塚と同じく、初対面のこのときチエミ自身は、よ志子が自分自身の異父姉だとは聞かされてはいなかったようだ。よ志子について父の異なる実の姉妹だとチエミが聞かされたのは、それからずっとあとのことである。ひょっとすると、よ志子との初対面から三年ほどのちに高倉と結婚した頃か、あるいはもっとあと、結婚後しばらくしてからかもしれない。

よ志子は二人が結婚した五年後の一九六四年、梅田コマ劇場での公演に出演していたチエミの楽屋に再びやって来た。チエミとはそれまで何度か会っていたという報道があるので、チエミはこの間、異父姉だと聞かされていたのかもしれない。だが、梅田コマでのこのとき、よ志子の様子はそれまでとまったく違っていた。

「実は私、夫と離婚したのです。暮らしに困るし、これからどうしようか、と思って……」

よ志子はチエミにそう相談を持ちかけた。本当は離婚などしていない。名古屋で暮らしてきた家の台所が火の車だっただけだ。だが、チエミはそれを信じた。

「それなら、私のお父さんやお兄さんと暮らせばどう？　家はけっこう広いし」

よ志子はチエミの言葉を待っていたに違いない。すでにこの時点では、高倉もチエミも、よ志子を異父姉だと信じて疑わなかった。少なくともその前提で、よ志子と接した。

梅田コマ公演の明くる一九六五年六月、よ志子は三人の息子を連れて上京した。チエミが両親のために建てた千駄ヶ谷の大きな洋館に子どもたちを住まわせ、自分自身は瀬田の家に住み込んで、家政婦として働くようになる。

「ノニ、よかったじゃないか。お姉さんが見つかって」

高倉もそう喜んだ。夫婦は何の疑いもなく、姉と称するこの中年女性を受け入れた。やがて家事だけでなく、資産の管理まで任せるようになる。

だが、これが大きな間違いだった。ここから高倉夫妻の信頼を逆手《さかて》に取った汲田よ志子の「復讐《ふくしゅう》計画」が始まるのである。事件発覚後、玉川警察署が入手したよ志子の大学ノートには、その犯行計画がぎっしり鉛筆で綴《つづ》られていた。

〈俺はお前に復讐する。しばらくはお前のために一生懸命尽くすだろう。しかし、それはお前のためなんかではない〉

〈俺〉が汲田よ志子、〈お前〉が江利チエミを指すのは、繰り返すまでもない。

会話できない夫婦

「僕が幼稚園から小学校四年ぐらいまででしょうね、その人が二人の家にいたのは。火事や事件があったときも、僕はまだ小学生でしたから、教えてもらえなかっただけかもしれませんけど、あの人はずっと親戚のおばさんという感覚でした。だから『バーバ』と呼んでいました。でも、彼女のいうとおりなら、僕にとっても歳の離れた姉になるんですかね。そこも含めて、いまだに不明なんです」

正真正銘《しょうしんしょうめい》のチエミの異母弟・久保益己は、一連の不幸な出来事について、今もって謎だらけだと感想を漏らす。チエミの父や兄にみずから父親の異なる姉だと名乗り出た汲田よ志子は、その実、本当にチエミの異父姉かどうかさえ、はっきりしない。報道でそうなっているだけだ。益己が続けた。

「『バーバ』の三人の息子たちは、千駄ヶ谷の家の三階に住んでいて、そこからいっしょに小学校に通っていました。私たち家族とお兄さん（久保家三男の劭）一家が一階と二階、三階が『バーバ』の息子たちの生活する下宿っていう感じ。あの頃僕は『バーバ』からすごく可愛がってもらったという印象しかなく、まさかあんな事件を画策していたなんて想像もつきませんでした。事件の渦中は、マスコミがうるさくなって、家の外に出られない。それで、この年は小学校の二学期を丸ごと休まなければならないほどでした。でも、そのあと事件がどうなったのか、わからないのです」

親族のあいだでも、事件の真相は、いまだ藪《やぶ》のなかなのである。

よ志子が従姉妹の宮原公子と入れ替わるように、小田家の家政婦として入ってきたことは前に書いた。年齢的にいえば、その一九六五年当時の江利チエミが二八歳で、よ志子は四〇歳だ。二人はちょうどひとまわり年が離れていて、高倉健がそのあいだの三四歳だった。若い夫婦は、よ志子のことを年上の頼りになる姉だと信じてきた。

公子がいなくなって心細かったチエミは完全に、よ志子に心を許してきた。また、苦労を重ねてきた姉の人生を不憫《ふびん》に思い、幸せになってもらいたいと、心から願った。

一方、よ志子もまた、初めて会ったひとまわりも歳の離れた妹の役に立ちたい、という献身的な態度を演じてみせた。離婚して路頭に迷いそうになった子どもたちを救ってくれた恩があると、低姿勢で二人に接した。よ志子は高倉のことを「旦那さま」

と呼んで敬意を前面に表し、妹であるはずのチエミに対しても敬語を使った。

しかし、それは演技というほかなかった。ヘア・メイクの仲塚愛子は、よ志子がやって来たのちの小田家、つまり高倉夫妻の周囲の微妙な変化に気づいていた。

「事件のことなんかわからないわよ。彼女はそれほど緻密《ちみつ》にやってたんだから」

そう投げやりに話す。仲塚は高倉夫妻を襲った事件について、これまで脳裏の奥に記憶をしまい込んできたという。頭の底に澱《おり》のように固まったその記憶を解き放つかのように、慎重に言葉を選びながら話した。

「もともとあの瀬田の家の離れには、トンちゃんお兄さん（チエミの長兄の亨）が住んでいたんですよ。お父さんと多紀子ママは千駄ヶ谷のお屋敷でしたけど、トンちゃんはステージ・ママならぬステージ・ブラザー、チエミちゃんのマネージャーなので、いっしょに住んでいたわけです。自称お姉さんは、そのトンちゃんを追い出してしまったんだから」

それが計画の第一段階だったのだろう。よ志子にとっては、亨がチエミのそばにいると都合が悪い。仲塚がこう補足した。

「トンちゃんお兄さんが家にいると邪魔だったのはたしかでしょ。あの頃トンちゃん兄さんは独身でした。それで結婚させればいい、と彼女は考えたのでしょうね。見合い相手まで見つけてきて、結婚させたんです。相手はたしか名古屋のほうの人だったと思います。もともとよ志子さんの知り合いだと聞きました」

久保家の長兄・亨は、妹の芸能活動をサポートするため、従姉妹の公子とともに新婚の家の離れに住んできた。だが、結婚を機に家を出る。それが、よ志子が家政婦になってから二年ほど経った一九六七年あたりのことだ。

結婚した亨は、ほどなく妹のマネージメント業務を新たに設立された江利プロモーションに任せ、芸能活動の第一線から退いた。そして渋谷のＮＨＫ近くに「エルビー」というスナックをオープンし、店は芸能関係者でけっこう繁盛した。一方、よ志子は、亨に代わって離れに住み、家のいっさいを取り仕切った。

「おまけに瀬田の家には、いつの間にか彼女のいうことをなんでも聞く掃除のおじさんまで出入りするようになりました。『あの人はどなたですか』と、よ志子さんに聞いても、『掃除を頼んでいるの』と答えるだけで、どこでどういうふうに知り合ったのかも教えてくれない。あるときは庭を掃除しているかと思えば、お風呂を沸かす大きなガスのタンクなんかも、一生懸命手入れしていました。なんとなくお姉さんの下働きみたいな感じ。だいたい、お手伝いさんなんだから、留守をしたらいけないはずなのに、よ志子さんは家をよく空けていました。そのときは掃除のおじさんが留守番

ていった。

仲塚は話しながら腹が立ってきたようでもあった。しきりに首を傾《かし》げるようになっていった。

「チエミちゃんは仕事が終わると必ず、『ダーリン、もう帰ってる?』って、家に電話していました。キミちゃんのときは旦那さんが電話に出ていたけど、よ志子さんになると、彼女は急いでいつも電話に出て、『まだ帰っていません』って、必ずいうのです。『今日は車屋さんに寄っています』とか、『散髪に行っています』とか、『散歩に出ています』とかいってね。私には、よ志子さんが来てから、チエミちゃんの電話に旦那さんが出たり、電話を代わったりした記憶がないのです。チエミちゃんも初めは、『そうか、ヤナセに行ってるのかな』と、疑ってもいなかった。けど、毎回毎回ですからね。なんか変だとは思っていたはずでしょうけどね」

高倉の車好きについては今さら繰り返す必要はないだろうが、自動車の用事といわれると、チエミも口を差し挟《はさ》めない。また、毎日のように通っていたホテルパシフィック東京内の理髪店には、本人専用の部屋まであったという散髪好きも知られたところだ。ただでさえ多忙な二人なので、同じ屋根の下に住んでいても、すれ違いが多いのは仕方がなかったが、それでも違和感を覚えていった。

この頃の高倉の生活といえば、一年に何本も撮影する「網走番外地」シリーズのロケで、長いあいだ北海道に滞在することもあった。自宅の電話で会話できないチエミは、思い切ってロケ先の宿に電話をかけたこともある。

「ダーリン、寒くない？　わたし陣中見舞いに行く。松阪牛をたくさん差し入れるからね」

溌剌《はつらつ》とした、あの声が、高倉の胸に響いた。だが、撮影をするときはみなと同じようにカレーを食べると決めている高倉は、日頃からチエミのつくった弁当の差し入れを断ってきた。このときもやんわり遠慮した。

「ノニ（チエミの愛称）の気持ちは嬉しいけどね。ここではみな家族と離れて寒さと闘っているんだよ。だからノニにも来てほしくないんだ」

高倉の性分《しょうぶん》だから仕方がない。チエミは待つしかなかった。

よ志子が家を預かるようになってからというもの、二人は東京にいても、電話ですら会話できない。つまるところ常に留守だといったのは、よ志子のチエミに対する嫌がらせだったのだが、周囲がそれに気づいたのは、やはり事件が起きてからだった。

押収された計画ノート

そんな折、高倉夫妻は、またしても不運に見舞われた。高度経済成長の真っただなかの一九七〇年、大阪万博で日本中が沸き返る直前のことだ。

「瀬田の家が火事で焼けたときはびっくりしてね。私たちもすぐに火事見舞いに上がりました。チーちゃんが可愛がっていた犬がたくさんいてね。小さい犬が死んでしまって、とてもかわいそうでした」

郷里の中間市でインタビューした高倉の妹・敏子は、話しながら兄夫婦を襲った不運を思い、突然、暗い顔になった。チエミが土地を購入し、新婚生活のために建てた瀬田の家が火事になってしまったのである。

「あそこには、母屋《おもや》と離れの二棟が建っていましてね。母屋のほうが全焼し、更地《さらち》になってしまいました。もう一つの離れは残っていて、火事のあともそこを守るため、しばらく（三男の）劭兄さん家族が住んでいました。火事になったあと、私もすぐに焼け跡に行きました。ジャイアンツの土井《どい》（正三《しょうぞう》）さんが、お見舞いに駆け付けてくださって、子どもながらに『長嶋と王の代わりに来ました』と挨拶されていたのを覚えています」

チエミの異母弟・久保益己が、小学生当時の苦い記憶をそう語った。

一九七〇年一月二一日の夜八時過ぎ、久方ぶりにハワイ旅行を計画していた高倉が、テレビ出演のあったチエミの帰りを待ちながら、居間で旅支度をしていた。キッチンに立っていたよ志子が、そこへ駆け込んできた。

「旦那さま、大変ですっ」

驚いた高倉が台所に入ると、ガスレンジの上の換気口から炎が噴き出している。慌てて備え付けの消火器を取り外し、消火剤を噴射させると、換気口の火はいったん鎮《しず》まった。しかし間もなく、階段付近からもう一つ火の手があがった。炎は瞬く間に二階に駆け上がり、もはや手の付けようがなかった。

新築してから一〇年も経っていない、まだ新しい家だ。それが、なぜこんなことになったのか、理由がわからないまま、高倉たちは家の外に避難する以外になかった。

大勢の野次馬《やじうま》が集まる高台の屋敷から、真っ赤な火柱が勢いよく立ちのぼり、消防車の放水がそれを押さえ込もうとする。高倉は固唾《かたず》を飲んで突如襲われたわが家の災難を見守る以外になかった。

やがて放水を浴びながら母屋の柱がメリメリと音を立てて傾き、屋根が焼け落ちていく。残ったのは黒く炭化した家の残骸《ざんがい》だけだ。高倉は泥だらけになりながら、みずからの手でそれを片づけ始めた。テレビ局の仕事を終えて駆け付けたチエミも、それを手伝った。

焼け跡から、愛犬たちの死体が次々と発見された。居間のテレビの下で息絶え、ぐったりと横たわっているコリーのノーティ、台所のあった場所にはヨークシャー・テリアのヘンリー……。無残な姿を目《ま》の当たりにした高倉は、無言でチエミの肩を強く抱く以外にない。二人とも呆然《ぼうぜん》としたまま、焼け跡の現場検証に立ち会った。

実は火元の第一発見者が、家事を任されていた父親違いの姉、汲田よ志子である。火災の原因については漏電説もあるが、そこもいまだ判然としていない。

その、よ志子に追い出されるようにして瀬田の家を離れた長兄の亨に代わり、芸能活動におけるチエミのマネージメント業務は、江利プロモーションのマネージャー・木村隆が担うようになっていた。当時のことをこう振り返った。

「火事のあと健さんとチエミは住むところがないので、しばらく赤坂のホテルニューオータニでいっしょに宿泊していました。その頃はまだ仲がよく、チエミから『ダーリンの車にガソリンを入れてくれない？』と電話で頼まれ、よくジャガーをガソリン・スタンドまで運転していったものです。チエミ自身はもっぱらニューオータニに停まっているハイヤーを使って仕事に行っていました」

悪いことは重なるというが、その通りかもしれない。火事から間もない一九七一年三月、江利チエミのステージ・ブラザーだった長兄の亨が急逝してしまう。火事のとき同様、このときも高倉健が頼りになった、と木村が話した。

「とくに葬儀のときは、健さんが中心になってテキパキと動いてくれました。まだ寒い時期でした。千駄ヶ谷の家に東映のスタッフを連れて来て、ロケで使うようなドラム缶の焚《た》き火をしましてね。健さんの馴染みだった六本木の『寿司長』に仕出しを頼んで、僕が何人か連れ、それを車でとりに行った覚えがあります。健さんはそういう気配りが大したもんでね。チエミのコマ劇公演中日《なかび》になると、みずからビール・ケースを担《かつ》いで届けてくれたりね。やっぱり、ふたりには深い愛情があったんだと思いますよ」

亨の急死は、二人の家が火災に見舞われてから一年二ヵ月後のことだ。死因は脳溢《のういっ》血《けつ》だった。マネージャーの木村に、火事のあとの瀬田の家について聞いてみた。

「瀬田の家は、手前の小さいほうの古い離れしか残っていませんでした。だから、そこにチエミのドレスや宝石、ミンクの毛皮のコートなんかを運び込みましてね。ステージのあるときは、必要なものをとりに行っていました。そこに住んでいたのが、彼女です。私たちは事件後、汲田のYちゃんと呼んでいましたけどね」

よ志子の住んでいた離れだけは、火災から免れて無事だったようだ。おそらくその汲田よ志子は、火事や長兄の死のタイミングを見計らって、ことを起こしたのだろう。木村たちが異変に気づいたのは、それから間もなくのことだ。

「焼け残った離れにチエミのものをとりに行くと、それがなかったりするわけです。あるいは、ミンクのコートや宝石がイミテーションにすり替わっていたり……。それで調べていくと、宝石が質入れされていたり、毛皮のコートが売りにだされていたり、あげくチエミの実家が借金の抵当に入っていたり。どんどん事実が発覚していきました」

一九七一年の高倉夫妻には、一般の家庭では一生に一度か二度あるかないか、というすさまじい出来事が、目まぐるしく起きた。

そして長兄の死から半年のちの九月、ついに高倉夫妻は離婚した。自称・異父姉が仕掛けた罠《わな》による復讐劇が明るみに出るのは、その二ヵ月後である。

〈しばらくは一生懸命に尽くすがそれはお前のためではない。俺の行動が明るみに出たとき、俺の立場を有利にするためだ〉

逮捕後、玉川警察署に押収されたよ志子の復讐計画ノートには、こうも記されていた。

〈八年でたてた計画を六年に縮めて実行に移すことにした〉

三億円事件に匹敵する詐欺

よ志子の仕組んだ詐欺事件は一九七一年一一月、江利チエミが主演した新宿コマ劇場公演「白狐の恋」のとき、楽屋にかかってきた一本の電話から発覚したことになっている。ちょうど、よ志子の立てた復讐計画の〈六年〉目の出来事である。

「残高不足です。引き落とせません」

取引先の銀行員からチエミのところへ丁寧な電話がかかってきた。江利チエミは夫婦ともに火事で焼け出されたあと、しばらく住んでいたホテルニューオータニを引き払い、コマ公演のために京王プラザホテルに宿を移していた。そのホテル代がチエミの銀行口座から引き落とせないという。

口座を管理していたのが汲田よ志子なのは、繰り返すまでもない。気が付くと、チエミの預金は空っぽになっていた。

一九六五年から高倉夫妻の家庭に入り込み、よ志子は二年がかりで長兄の亨を追い出した。姉だと思い込んだ江利チエミの信頼をまんまと利用し、預金通帳をはじめ、定期預金証書や手形の振り出し帳、果ては実印にいたるまでを預かった。それまで資金管理はすべて長兄の亨が担ってきたが、結婚を機に芸能界から引退したこともあり、チエミは身内のよ志子にいっさいを任せようとした。それが裏目に出たわけだ。

長兄が急死し、よ志子はいよいよ計画を実行に移した。預金だけでなく、チエミの両親の住んでいた千駄ヶ谷の家を借金の抵当に入れ、借金を繰り返した。のちに不動産登記によって確認されただけでも、この年の八月、最初に横浜の在日韓国人金融業者から二五〇〇万円の抵当権を設定され、その後、大田区の高利貸しから借り換えて、抵当枠は四五〇〇万円に膨らんでいた。

それらの事実に高倉やチエミがいつ気付いたのかは定かではない。当時の報道によれば、高倉夫妻はあとから知ったことになってはいるが、少なくとも銀行からコマ劇場にかかってきた一一月の電話のときには、よ志子の策謀に勘《かん》づいていたはずだ。その証拠にチエミはそこからひと月も経たない一二月初め、弁護士同伴で彼女を問いただしている。

そして、よ志子はその翌日、失踪《しっそう》してしまう。そうしてそれまで燻《くすぶ》っていた彼女の悪だくみが次々と白日のもとにさらされていった。前述したように、宝石や衣類を質入れしたり売り飛ばしたりのやりたい放題。さらに留守がちな夫婦の事情をいいことに、ハイヤーを乗り回して散財を重ねていた事実も発覚する。外出の際に留守番を頼んでいたのが、よ志子の連れてきた掃除のおじさんだった。

よ志子が重ねた借金総額は、二億から四億円にのぼると推定された。チエミの最後のマネージャー・木村が改めて説明する。

「たとえば、よ志子は劇場のチケットを大量に買い、代金を支払わないままでした。代金が劇場に入金されていなかったり、あとから細かいボロが出てきました。四億円の借金という報道もありましたけど、そこまでは行かなかったと思います。三億ぐらいじゃなかったかな、と記憶しています。ただ、それでもあの当時にしては、ものすごい金額でした」

劇場のチケットについては、後払いすると称して大量に入手し、それを売りさばいてネコババしたのだろう。借金の内訳《うちわけ》は、手形の振り出し、不動産を担保にした高利貸しからの借金、果てはハイヤー代金や劇場チケット代金の踏み倒しにいたるまで、しめて三億円にのぼるというのである。そのほか預貯金や宝石、衣類などを含めると、詐取した総額はもっと多い。

一九六八年一二月に起きた府中市の現金強奪事件の被害額三億円を現在の貨幣価値に換算すると、その一〇倍近く、二〇億円とも三〇億円ともいわれる。よ志子の使い込みは、それに匹敵するくらいの大事件だったのである。

一九七一年一二月下旬、江利チエミは公正証書原本不実記載等、有印私文書ならびに有価証券の偽造、同行使などの容疑で、自称・異父姉の汲田よ志子を刑事告訴した。そこへ詐欺《さぎ》罪も加わり、翌一九七二年四月には、東京地検が起訴した。

江利チエミサイドにしろ捜査当局にしろ、これほどの大事件にしては、いかにも対応が早い。とりわけ気がついてからひと月ほどの告訴、さらにそこから四ヵ月というスピード検挙だ。それができたのは、巷間《こうかん》いわれているより、高倉夫妻がもっと早い段階で事件に気づいていたからだろう。

果たして高倉健や江利チエミは、どの段階でよ志子の犯行に気づいていたのか。そのタイミングは、二人の離婚と無縁ではない。それどころか、強い因果関係を感じるのである。

「あと戻りできん」

二人の離婚発表は、伝えられるコマ劇場の電話による事件発覚から二ヵ月も前の、一九七一年九月三日のことだ。同じ日、高倉とチエミの会見が、別々の場所で開かれた。チエミ側の会見をセットしたのが、マネージャーの木村である。

「すでに別居していて健さん側とは連絡がとれないような状態でした。そんななか、健さんのほうが九月三日に会見を開くという情報を得た。われわれは健さんより前にやらなければいけない、と急遽《きゅうきょ》、赤坂プリンスホテルで、チエミの離婚会見をセッティングしたのです」

離婚が既定路線なのは双方、理解していた。というより、チエミが高倉に申し出たのである。

高倉の四歳違いの妹・森敏子は、離婚会見前後、高倉と直接話した、とこう告白した。

「お兄さんは、別れたくなかったんだと思います。あれだけチーちゃんのことを好きでしたから。でも、本人といっさい連絡がとれないんだといっていました。だから、弁護士を通したやり取りを続けていたみたい。そうこうするうち、先方の弁護士から離婚届が届いたんです。『もうハンコをつくだけになっとったけん、仕方なかったたったい』てお兄さんはそう、ポツリといっていました」

江利チエミからの離婚の申し出については、離婚発表時にチエミ自身、関係者にこう話している。

「ダーリンにこれ以上迷惑をかけられないから、別れる以外になかったの」

その迷惑というのが、よ志子の犯行だったのだろう。二人は気づいてはいたが、よ志子の罠《わな》がどこまで張り巡らされているのか、それがいまひとつわからないので、恐ろしかったのかもしれない。

当時のマスコミ報道によれば、二人がよ志子の犯行に気づいたのは、離婚会見の二ヵ月後という話になる。つまり高倉健と江利チエミは、この年の一一月に銀行からの電話によって、ことを知ったのではなく、もっと早い段階から犯行に勘《かん》づいていた。そうでなければ、話が矛盾《むじゅん》する。また、その後の刑事告訴を含めたここまで迅速《じんそく》な対応も、できないだろう。

実際、夫婦の不仲説が少しずつ流布《るふ》されるようになったのは、事件が明るみに出るずっと前だ。一九七〇年一月の火事で二人が家を焼け出され、しばらく赤坂のホテルニューオータニで暮らしていたのは前述したが、その後、仕事の関係もあって、二人はほぼ別居状態に陥る。高倉の噂が流布されるようになったのは、その頃からだ。

「高倉健に女がいるんじゃないか」「隠しマンションを持っているんじゃないか」といった噂からはじまり、あげく同性愛説まで流れた。誰の仕業《しわざ》かは不明だが、そのあたりから、もともとすれ違いの多い夫婦に、決定的な溝ができていった。

それでも高倉は、久保家の長兄の死に駆けつけ、葬式を取り仕切った。四十九日の喪が明けると、チエミを川崎大師に誘った。二人で参拝する姿がたまたま目撃され、そのあと六本木のイタリアンレストランでデートしている。食欲のないチエミは、高倉の薦めたパスタを「おいしい」と笑って平らげたという。そして高倉は、別居状態を解消しようと、瀬田に新たな家を建てる計画を練った。

だが、世間の不仲説は払拭《ふっしょく》できなかった。その原因が、自称・異父姉の存在にほかならない。

この章の冒頭に記した高倉健と江利チエミの電話による会話は、まさに離婚発表からすぐあとのことだ。二人は何を話し合ったのだろうか。電話のあと高倉はハワイに旅立ち、チエミもそのあとを追ったという。実は生前、清川虹子も、そのことを告白している。

江利チエミ

〈「離婚の記者会見が行われた日、私の家にチーちゃんから電話がありました。健さんの居場所を探してほしいというのです。記者会見までしたのに『健さんに謝りたい』と言うのです。私は知っている限りの知人を動員して健さんを探しました。ハワイにいることが分かると、チーちゃんはすぐにハワイへ飛んでいきました……」〉（藤原佑好『江利チエミ　波乱の生涯』より）

二人はたしかにハワイで合流している。だが、そこで何が話し合われたのか、そこについては不明のままだ。京都の西村に、改めて二人の会話について尋ねてみた。

「あの電話のとき旦那が、『もうあと戻りできん』て、チエミちゃんを説得してたんは間違いないな。そのあと、旦那が何をしにハワイに行ったのか、それはわからん。けどそれを聞いて、追いかけるようにしてチエミちゃんがハワイへ行って、ハワイで二人は会うた。それも聞いています。『もう別れるしかない。そうじゃないと両方ともだめになるから』って旦那がいうたんやろ。割かしきつうにいうたんと違うかな」

二人が離婚した明くる一九七二年四月、よ志子は警視庁捜査二課と玉川警察署の捜査員によって逮捕された。よ志子はそれまで雲隠れし、たまに姿を現して、週刊誌で嘘八百を並べ立てた。

「チエミは一九六九年五月に喉のポリープ手術をしてくれた東大耳鼻咽喉科の助教授と男女の関係になり、それを嗅《か》ぎつけた探偵に二〇〇〇万円脅し取られた」

「高倉さんにも女性関係があって、それを調べるために探偵を使った。その費用がかさんで……」

世間がそれを信じてくれると勘違いしていたのだろうが、そんな彼女の狂気を高倉たちは恐れた。

「チエミは、とにかく健さんに迷惑かけちゃ悪い、と気にしていましたからね。それが大きな離婚の原因なのでしょうね」

最後のマネージャーとなった木村はそう肯定しながらも、疑問を投げかける。

「それにしても、あれほど義理堅くて優しい健さんが、なんでもう少し、チエミに手を差し伸べてくれなかったのでしょうか。それは、あくまで私たちチエミ側の言い分ではあります。けど、今になると、そういう話はやっぱり出ますね。ましてや、瀬田の家はチエミがつくった。それはみな知っていますからね。建物は焼けてしまって健さんが建て替えたけど、土地も含めて、すべて健さんの名義のままになってきたわけですから」

高倉健は、建て直した家に江利チエミを住まわせたかった。だが、なぜ、それができなかったのか、そこも謎だ。

闇に紛れた墓参りを

高倉健にとって、江利チエミは最愛の女性である。それは高倉の親族やチエミの関係者が一様に認めるところだ。高倉自身、離婚後に浮き名を流してきた女性たちとはまったく異なる思いがあったに違いない。そういう意味からしても、チエミの異母弟・久保益己は、決して高倉のことを悪く思っていない。

「健さんは、僕のことを益己、益己、と呼んで、ずいぶん可愛がってくれました。姉が亡くなったあとも、命日になると必ず、長くて高級そうな線香を贈ってくれました。僕たちは二月一三日の姉の命日が近くなると、ファンの方々といっしょにお墓参りをしてきたのですけど、その帰り、瀬田の家がどんなふうになっているか、行ってみたら、たまたま健さん本人が家から出てきたことがありました。『おう益己、元気か? タキ(多紀子)さん、お久しぶりっ』と声をかけてくれましてね。その母も亡くなってしまいましたけど、生前は健さんと、ずっと連絡を取り合っていました」

世田谷区瀬田に新居を構えてほどなく、高倉健と江利チエミは、歩いて三分ほどの法徳寺に墓地を買った。高倉自身がそこに入るつもりがあったとも伝えられるが、現在は久保家の墓が建立されている。チエミとその親族が眠っている場所だ。

高倉は、チエミやその家族のことをずっと気にかけてきた。それは表向きの社交辞令ではあるまい。

チエミの命日に近い二月の第二日曜日になると、チエミの関係者が法徳寺に集まる。久保益己が「江利チエミを偲《しの》ぶ会」を主催し、雪村いづみや生前の清川虹子、ペギー葉山《はやま》といった往年のスターや大勢のファンが、毎年、一〇〇人近く墓参してきた。もとよりヘア・メイクの仲塚愛子も、欠かさず法要に訪れていた一人である。こう笑った。

「偲ぶ会は、三年前の三三回忌で一応の区切りをつけたのですが、私たちは会の帰りに必ず、健さんの家に寄っていました。玄関の防犯カメラに向かって、『今日も終わりましたよ』って、手を振って報告するのです。今までぜんぜん知らなかったけど、そんなとき家には、あとで話題になった養女もいたのでしょうかね？　もし養女が私たちの姿を見ていたら、いい気はしなかったでしょうね」

　生前の高倉健は、江利チエミの月命日である一三日の日が落ちると、闇に紛《まぎ》れて密かに寺を訪れ、墓石に手を合わせてきた。のちに高倉が、鎌倉の霊園に、チエミとの水子《みずこ》の墓を建てたのはファンのあいだでも知られたところだ。が、それとは別にチエミもまた、法徳寺にある久保家の墓で、みずからの亡き子を弔《とむら》ってきた。そんな関係が、ずっと続いてきたのである。チエミの元マネージャー・木村隆がいった。

「二人が離婚したあと、チエミはしばしば東映でも仕事をしていたんです。『暴れん坊将軍』（テレビ朝日）に、女性の町医者役としてゲスト出演したりね。それで撮影所に行くと、東映のスタッフが、『ここを使ってください』と、健さん専用の控え室に案内されていました。それが当たり前のようになっていましたけど、若い衆は健さんから指示されていたんでしょうね。そうでなければ、怒られるでしょうから」

実は高倉健と江利チエミの離婚の真相を知っているのは久保正雄じゃないか。そう話す東映の元幹部がいる。チエミと同じ苗字の戦後のフィクサー久保は、二人の後見人でもあった。

第五章　長嶋茂雄の親友

謎の「後援会長」

ややや黄ばんで古ぼけたカラーの集合写真がある。きらきらと輝くシャンデリアの灯りに照らされた白いクロスのかかったテーブルを囲み、七人の男女がカメラに向かって背筋を伸ばして腰かけている。後ろには一一人が立ち、写真におさまっている。合わせて一八人。そのバックには油絵が飾られ、いかにも華やかな光景である。

写真のなかの前列中央に近い左から三番目に、高倉健を見つけた。チャコール・グレーのジャケットを羽織《はお》り、笑顔でカメラに視線を向けている。高倉の右側、二人挟んだ椅子には長嶋茂雄《ながしましげお》の姿があった。長嶋はやや斜に構えたカメラ目線で、赤みがかった茶色のブレザーを着ている。どちらもまだ二〇代だろうか、若く潑剌《はつらつ》としている。

この集合写真を撮影した場所は、港区高樹町《たかぎちょう》にある大きな西洋風の屋敷だった。そこを訪れた人は屋敷をこうたとえた。

「まるで『風と共に去りぬ』の舞台みたいだ」

映画に登場しそうな洋館には、かつて政財界の錚々《そうそう》たる客が集った。一階の広々としたフロアーから螺旋《らせん》階段が二階に延び、スカーレット・オハラがそこから降りてき

長嶋茂雄

そうな豪勢な屋敷だったという。都心の真ん中にあって、庭には大きなプールまでそなえていた。
「健さんは、私が三歳の頃までうちに住んでいたと母から聞きましたけど、私自身は幼かったので、その記憶はありません。私たち家族は、僕が小学三年生のときから大学卒業まで毎年、成田山に初詣《はつもうで》に行っていました。たしかにそのときには健さんや長嶋さんもいっしょでした」
秘められた歴史を語ってくれたのは、久保《くぼ》智史《さとし》である。父親を久保正雄という。「東日貿易」という専門商社を経営してきた久保は、終戦後に日本政府が力を入れたインドネシア援助開発事業で財を成し、政財界の黒幕と呼ばれた。久保邸で撮影した古い写真が示すように、高倉健や長嶋茂雄とも親しかった。というより、二人の「後援会長」と呼ばれ、実際に面倒を見てきた。
息子の智史が大事にしてきたもう一枚の写真には、智史を挟んで両脇に高倉と長嶋が立っている。すでに智史は、高校生かそれ以上の年齢に見える。二人は彼より頭一つ背が高い。智史が説明してくれた。

「この写真は、成田山に行く直前に撮った写真です」

久保一家、そして高倉と長嶋たちは、正月になると、成田山新勝寺《しんしょうじ》の護摩祈禱《ごまきとう》で精神を清めるのが恒例《こうれい》になっていたという。それほど近い関係にあった。

生きる伝説とまでいわれた映画スターとミスター・プロ野球、そのあいだをとりもったのが、久保正雄である。おまけに久保はレコード・デビュー前に米軍キャンプで歌っていた江利チエミをバックアップしてきた。彼女にとっての恩人でもある。

GHQ相手のビジネス

「もともとは、久保のお姉さんとチエミちゃんが知り合いだったのよ。お姉さんは、ずっとチエミちゃんの大ファンで、『チイコ、チイコ』って呼んで可愛がっていました」

チエミの生前、ずっとヘア・メイクを担ってきた仲塚愛子が、久保家と彼女の出会いについて、伏し目がちにこう口を開いた。「久保のお姉さん」とは、久保正雄の最初の妻のことであり、仲塚たち江利チエミの関係者は、自分たちよりずっと年齢が上なので、そう呼んでいたらしい。

「チエミちゃんが進駐軍のキャンプで歌を歌っているとき、たまたまそこに久保のお姉さんが働いていらしたんだそうです。つまりお姉さんは進駐軍で働いていて、旦那さん（正雄）と知り合って結婚したんだと思います。それで、夫婦ともにチエミちゃんの大ファンになってね。ほかの人のようにチーちゃんではなく、チエコと、まるで身内みたいな感じで呼んでいました」

仲塚はあまり久保のことについては触れたくないといいながら、言葉少なに解説してくれた。たいてい「よくは知らないけど」と前置きして話した。久保夫妻は江利チエミのデビュー後も、ずいぶん彼女をバックアップしてきたという。

「久保のお姉さんは、旦那さんと結婚してから大金持ちになったのよ。それで、チエミちゃんの日劇の公演なんかにもよくいらしてました。もちろん、チエミちゃんが健さんを知るずっと前のことです。久保のお姉さんは、そのころで三〇〇万から五〇〇万もする着物を着ていましたからね。すごいお金持ちなんだなぁ、と思っていました」

江利チエミの苗字が久保ということから、久保自身が、チエミと縁続きだったのではないか、という説もある。もっとも、かすかに久保のことが記憶にあるという江利チエミの異母弟・益己は、「親戚ではない」と否定した。とすれば、久保夫妻が応援

清川虹子

していたのは、単なるタニマチ感覚だったのかもしれない。ちなみに先の智史は、久保が二度目に結婚したときの息子であり、さすがにそこまで古いことは知らない、と率直にこう話した。

「母と清川虹子さんの仲がよかったので、その妹分のチエミさんもかわいがっていたようです。本名の苗字が久保ということもあって、親しみがあったのではないでしょうか。僕にも、小学生のとき『マイ・フェア・レディ』という舞台を観に行って、楽屋でチエミさんに遊んでもらった記憶があります」

前述したように、清川は早逝《そうせい》したチエミの実母、喜劇女優の谷崎歳子と戦前に共演していた。米軍キャンプにいた久保夫人と清川も古くからの縁がある。

久保が高倉の後援会長とまで呼ばれるようになったきっかけは、チエミとのこうした奇縁からだろう。仲塚が「はっきりとは知りませんけど」と前置きしながら、補足説明してくれた。

「久保さんっていう人は、ジャイアンツの選手のスポンサーだったし、お金持ちだから健さんのスポンサーになっているわけです。それは大変な人でしたよ。久保さんが亡くなったとき健さんは、『三年間仕事をせずに喪《も》に服す』とまでいっていたくらいですから。その話は誰から聞いたのかな。青山のあの辺に大きなお屋敷を持っていてね。けっこう、いろんなつながりがあるかもね」

一般にはさほど馴染みがないかもしれないが、久保正雄は終戦の奥底から日本が立ち直り、やがて経済発展を遂げていくなかで躍り出てきた。一九二一（大正一〇）年生まれ。いまだに謎の多い人物だ。

久保は、児玉誉士夫や笹川良一《ささがわりょういち》といったアングラ勢力で思想的な背景があるフィクサーとは少し異なり、事業の世界で名を成した小佐野賢治や大谷貴義《おおたにたかよし》に近いタイプだろう。東日貿易という会社を設立し、戦後のインドネシア貿易で成功した。日本の政財界に聞こえた大立者の一人である。

米軍キャンプで働いていた女性と結婚したと先に書いたが、久保の事業の始まりもまた、終戦間もないころのＧＨＱ相手のビジネスだった。もとはといえば、自動車ブローカーとして進駐軍に出入りしていたようである。慶応義塾大学経済学部教授の倉沢愛子《くらさわあいこ》著『インドネシアと日本　桐島正也《きりしままさや》回想録』（論創社刊）は、桐島が出会った当時の久保のことを次のように紹介している。

スカルノ

〈久保氏は当時すでに東日貿易という社名で商売をしていたが、もともと自動車のブローカーが始まりだった。彼が持っていた中古車を我々が買い、それをこちらが東芝などのさまざまな会社に売ったのである〉

同書の主人公として一人語りをしている桐島は、やがて久保の興《おこ》した東日貿易に入社し、インドネシアに派遣された人物だ。インドネシアの戦後賠償利権を小説にした深《ふか》田《だ》祐《ゆう》介《すけ》著『神鷲《ガルーダ》商人』（文春文庫）のモデルでもある。その桐島回想録では、久保のビジネスについてこう記す。

〈当時の日本では新車を輸入することは考えられなかったし、おそらく許可も下りていなかったと思う。車の出所は、横須賀や立川にいた米軍だった。進駐軍には、すでに何年か使った車を、特定の条件の下で基地外の日本人に売却して良いという規定があった。そうした車を、税金を払って日本の国内貨物にして日本市場で売ったのが久保氏のような車のブローカーであった〉

つまるところ、目のつけどころがいいわけだ。終戦後の混乱期、米軍の中古車を日本企業に売りさばいた久保の商売は繁盛した。その資金を元手に、次に久保の乗り出した事業が、日本政府の戦後国家賠償に絡むビジネスだった。そして久保の定めたターゲットが、インドネシアのスカルノ大統領である。

デヴィ夫人とインドネシア利権

もともとオランダの植民地だったインドネシアは、一九四五（昭和二〇）年八月に独立を宣言し、日本の軍政下から解放された。しかし、そののちも混乱が続いた。再植民地化を図ろうとしたオランダに対し、インドネシア国内は、話し合い交渉で独立を目指そうとした外交派と、欧州の旧宗主国と闘って独立を勝ち取ろうとした武装闘争派とに割れた。その混乱のなか、武装闘争を指揮した民族運動家がスカルノである。

スカルノは旧日本軍と組んだ。日本軍籍から離脱してインドネシアに残った元軍人の手を借り、オランダを相手にゲリラ戦を挑んだのである。一九四五年の独立宣言と同時に大統領に就任し、その後およそ四年の独立戦争ののち、一九四九年一二月、スカルノは独立を勝ち取った。

そして一九五八年一月、日本とインドネシアの国交が回復した。首相だった岸信介《きしのぶすけ》

岸信介

がスカルノとのあいだで交渉を重ね、日本政府によるインドネシアへの戦後賠償がスタートする。

藤山愛一郎《ふじやまあいいちろう》が外相として臨んだ一月の賠償協定では、賠償額が二億二三〇八万ドル、日本円にして八〇三億円に決まった。そこへ追加の賠償事業として、インドネシア側の焦げ付き債権一億七七〇〇万ドルの放棄と日本からの四億ドルの借款《しやつかん》も加わり、事実上の賠償総額は八億ドル、日本円にして二八八〇億円にのぼった。現在の貨幣価値にすると、二〇兆〜三〇兆円といったところだろうか。途方もない金額である。

一方、戦中の旧日本軍に助けられたと公言するスカルノは、日本政府に好条件を用意した。中核となる二億二三〇八万ドル（八〇三億円）相当の賠償について、日本側は物資あるいは役務で提供するというものだ。これが日本による「ひも付き賠償」として、のちに批判される。その構図は次のような具合だ。

たとえば石油プラントなどの建設事業の場合、通常は商社がプラント会社やゼネコンに代金を立て替え、あとで発注者であるインドネシア政府から回収する。こうした発展途上国相手の場合、焦げ付く危険性がつきまとう。

だが、「ひも付き賠償」の場合、その代金は日本政府が税金で支払うわけだ。国家賠償の一環として、インドネシア政府が日本企業に物資を注文し、日本政府がその代金を支払う。あるいは日本政府が支払いを保証するのである。直接的に儲かるのは受注する日本企業だが、そこに介在する日本の貿易商社にとっても、これ以上、確実なビジネスはない。インドネシア政府の要望する事業をとりつけるだけで、自動的に日本政府からの支払いを受けられるからだ。

三井物産や丸紅、三菱商事や住友商事、そして伊藤忠商事といった日本の名門商社をはじめ、名だたる企業がこの巨大な賠償ビジネスにしのぎを削ったのは、いうまでもない。

インドネシア政府とのパイプを探り、どう受注を取り付けるか。簡単にいえば、そのために、いかにしてスカルノ大統領に近づくか。そこがインドネシアにおける賠償ビジネスのポイントである。

そして東日貿易の久保正雄が、そんな熾烈《しれつ》なインドネシア・ビジネスに奔走《ほんそう》し、頭角を現していったのである。

〈東日貿易はやがて戦後賠償ビジネスに深く関与していくことになるが、その端緒《たんしょ》は

スカルノ大統領のボディーガードの手配だった〉

先の『インドネシアと日本』では、日本とインドネシアの国交が回復した直後の出来事として、こう記している。

〈スカルノ大統領が来日することになっていたが、当時スマトラ島などで反乱を起こしていた勢力が、日本でスカルノ大統領の暗殺を企てていることをインドネシア大使館は恐れていた。久保氏はその依頼に乗って、住吉会の小林楠男《こばやしくすお》氏に護衛を頼んだ。そこで小林氏が全部取り仕切って、身辺警備をしたのである。久保氏本人は暴力団員ではなかったが、小林氏とは色々な機会に付き合いがあった。その延長上で、児玉誉士夫氏や大映の永田《ながた》雅一《まさいち》氏、それから河野《こうの》一郎《いちろう》氏などと、のちに知り合うことになる〉

ここに出てくる小林楠男（楠扶）は、住吉会が住吉連合と称していた時代に本部長を務め、みずからは二次団体の小林会を率いた斯界の大物だ。日本最大の右翼組織「日本青年社」を創設し、反共の旗印を掲げて民族活動にも力を入れた。小佐野賢治や児玉誉士夫とも親しく、暴力団組長でありながら、自民党を中心に政財界にも知己が多かった。住吉会は「銀座警察」と異名をとり、映画デビューする前の高倉が幹部の瓦井宅から俳優座に通っていたことは、前に書いたとおりだ。

久保は小林にボディガードを頼み、来日したスカルノの信頼を得た。スカルノのために東京・日比谷の帝国ホテルに一〇室を確保し、赤坂の料亭「長谷川《はせがわ》」や新橋の「金田《かねた》中《なか》」などで、芸者を呼んで連日、接待した。

ちなみに久保には、インドネシア・ビジネスにおけるライバルもいた。岩井商店(のちの日商岩井)から独立して木下産商を始めた木下茂《きのしたしげる》だ。木下産商はその後、三井物産に吸収されるが、木下は国交を開いた首相の岸をバックにスカルノに食い込もうとした。

デヴィ夫人

一方、久保の東日貿易には、大日本帝国陸軍大佐から衆議院議員になった辻政信《つじまさのぶ》がついていた。辻は参謀本部作戦課時代の後輩である瀬島龍三《せじまりゅうぞう》を久保に紹介したとされる。そうして瀬島の伊藤忠商事と久保の東日貿易の連合軍と、岸を後ろ盾にする木下産商がぶつかった。双方ともにスカルノに対し、猛烈な接待攻勢をかけた。そこで、東日貿易の久保の切り札となったのが、根本七保子《ねもとなおこ》、のちのデヴィ・スカルノ夫人である。ガルーダ商人こと桐島の回想録『インドネシアと日本』にも、そんな接待攻勢の場面が出てくる。

〈デヴィさんを大統領に紹介したのは、一九五九（昭和三十四）年、大統領の二回目の訪日の時だった〉

久保は赤坂のナイトクラブ「コパカバーナ」のママを介し、そこで働いていた根本七保子を、スカルノの宿泊先である帝国ホテルで引き合わせた。このとき運転手役を務めたのが桐島であり、作戦はまんまとはまった。スカルノは一目見てデヴィを気に入った。その後、会いたいと指名があったという。

〈スカルノ大統領と会った日本人女性は何人もいると思うが、（もう一度）連れて来てくれと言われたのはデヴィさんと、もう一人、木下商店が紹介した金勢さき子さんだけである。

東日貿易が副官の要望でデヴィさんをスカルノ大統領に紹介して、後にはわざわざインドネシアにまで送ったのは、確かに賠償事業を受注するための賄賂のようなものだと他の人々には映っていたかと思うが……〉（カッコ内引用者註）

桐島の目には、二人は利害を超えて恋愛関係に陥ったように見えたともいうが、デヴィのおかげで、久保がインドネシア利権を牛耳《ぎゅうじ》るようになったのは間違いない。

インドネシア貿易で巨万の富を築いた久保正雄は、そうして政財界の人脈を広げていく一方、江利チエミや長嶋茂雄、そして高倉健の後ろ盾《だて》になる。東映で数々の高倉作品を製作してきたプロデューサー吉田達も、久保のことをよく覚えていた。

鶴田浩二の焼きもち

「久保さんという名前は僕も健さんからしょっちゅう聞きましたよ。てっきりチエミちゃんの親戚かと思っていたけど、そうじゃないのですね」

吉田が額に手を当てながら、懸命に記憶をたどろうとした。

「もともとチエミちゃんが健さんを久保さんに紹介したら、久保さんが『健ちゃん、健ちゃん』って呼んで大事にするようになったみたいです。それもあって、あの健さんが、久保さんにだけは相当な気を遣っていました。久保さんの集まりがあって通知が来ると、夫婦で駆け付けていました。撮影があっても、『達ちゃん、悪いけど久保さんのところに行かなきゃいけないから、スケジュール空けてくれないかな』と、よくいっていました」

吉田はこうも付け加えた。

「チエミちゃんの親戚で、女中として家に入り込んだお姉さんが、久保さんの名前を利用していたと聞いたような気がします。チエミちゃんが『これ以上、迷惑をかけら

瀬島龍三

れない』といっていたと思います。健さんも金を持ち逃げした彼女が、これ以上、久保さんに迷惑をかけたら大変だという感じ。あの事件にも、久保さんが何か関係していたような気がするなあ……」

インドネシアの賠償ビジネスで伊藤忠商事の瀬島龍三とタッグを組んだ久保正雄は、自民党政治家のなかでは、大野《おおの》伴睦《ばんぼく》や河野一郎らと近かったとされる。当然、中曽根《なかそね》康《やす》弘《ひろ》や中川一郎《なかがわいちろう》とも親しくなり、瀬島とともに「中中会」という財界の後援親睦組織を旗揚げして会合を重ねた。

また、暴力団「東声会」会長の町井《まちい》久之《ひさゆき》は、久保にとって自動車ブローカーをしていた時代からの友人でもあった。町井は本名を鄭建永《チョンゴニョン》といい、暴力団組長として名を馳せるかたわら、在日韓国人の大物ロビイストとして、下関《しものせき》と釜山《プサン》をつなぐ関釜《かんぷ》フェリーを運航した。久保は、旧友の町井が六本木にTSK・CCCターミナルビルをオープンさせ、会員制の社交クラブを始めると、読売新聞社主の渡辺恒雄《わたなべつねお》などとともに、クラブの運営委員を務めた。

読売ジャイアンツの後援者として知られるようになったのも、そうした関係からだろう。とりわけ久保は長嶋茂雄の大ファンで、後ろ盾にもなってきた。高倉健と長嶋茂雄という二大スターの交友も、久保があいだを取り持ったのだろう。

「朝、久保家に行くと、ミスターが庭で素振りをしていたと、たまたま現場を目撃した友だちが自慢していました。そこへ寝起きの高倉健が『おはようございます』と、庭に降りてきたというのです」

そう話すのは久保の息子である智史の大学の後輩だが、東映の元プロデューサー吉田も、似たような話を高倉から聞いている。

「ある日、健さんが『集まりがあるから』と久保さんの家に行くと、そこに長嶋君がいたんですって。『それで仲よくなった、長嶋っていい男だね』と、健さんはずいぶんほめていました。長嶋君のお付きの二塁手（土井正三）とか、ジャイアンツの人もよく久保さんのところへ来ていたらしいので、親しくなったみたいです」

瀬田の家が火事になったとき、ジャイアンツの土井がいち早く見舞いにかけつけたのも、久保との縁があったからなのだろう。息子の智史がいったように、やがて高倉と長嶋は、連れ立って久保家恒例の成田山新勝寺の初詣に参加する間柄になる。

繰り返すまでもなく、そうした邂逅《かいこう》の場となったのが、久保正雄の屋敷だった。何

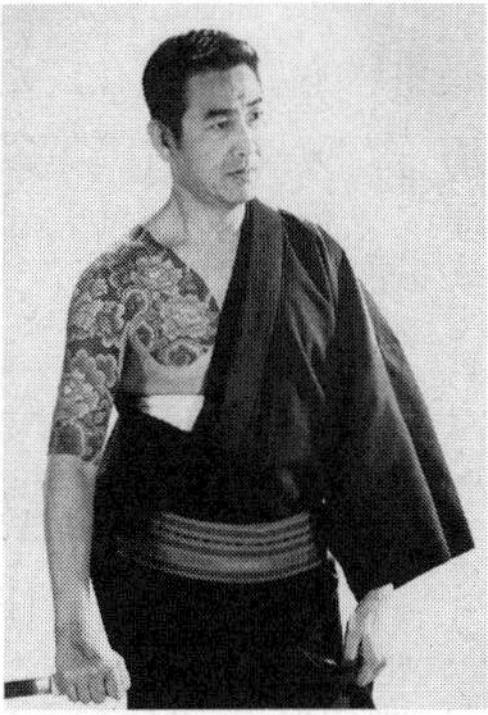

鶴田浩二

かを思い出したかのように、「それでね、おもしろい話があるんだよ」と、突然、吉田が笑い出した。

「健さんがあんまり長嶋と仲よくなって、それがわれわれにも伝わってきたもんだから、鶴さん（鶴田浩二）が焦《あせ》っちゃってね。鶴田浩二のほうが先輩なのに、『達ちゃん、高倉が長嶋なら、俺は王貞治《おうさだはる》だ、ワンちゃんとなんとかならないかね』というんだ。僕は鶴さんとも写真（映画）をいくつもつくっていたから、困っちゃいましたよ」

一種の焼きもちなのだろうが、そこはさすが鶴田浩二である。いつの間にか鶴田は王と親しくなっていたという。

久保はジャイアンツのタニマチとして、巨人軍の財界応援団「無名会」のメンバーとも懇意にしていた。無名会は読売新聞社主の渡辺恒雄や野村證券の社長・会長を歴任した瀬川美能留《せがわみのる》が中心となり、巨人選手の私生活の面倒を見てきた。ちなみに児玉誉士夫も無名会のメンバーたちと近く、瀬川が児玉に野村證券のトラブル処理を頼んできたのは、知る人ぞ知る話である。

また久保は久保で、先の東声会会長の町井の頼みで、日本ハムファイターズにいた張本勲《はりもといさお》をジャイアンツに移籍させたとき、ひと役買ったとされる。久保と町井は、高倉とチエミの結婚披露宴に招かれていたプロレスの力道山《りきどうざん》のタニマチでもあった。

高倉健は、政財界に太いパイプを持つ大物フィクサーにすこぶる気に入られ、長嶋をはじめとしたみずからの人脈を広げてきた。

長嶋一茂のゴッドファーザー

「長嶋さんと父は、私が幼い頃に通っていた床屋さんが出会いの場になりました。たまたまそこに長嶋さんがいらしていた縁で、幼い私を迎えに来た父が長嶋さんと出会い、挨拶したのがきっかけです。それ以来、父と長嶋さんはすっかり親しくなりました。床屋さんといえば、高倉さんご本人にも『(智史と長嶋の行きつけの店に)床屋さんを変えてよ』と無理なお願いをした記憶があります」

久保の息子・智史が、そんな秘話を明かしてくれた。高倉も一度は、その理髪店を試したそうだが、どうも性《しょう》に合わなかったようだ。

高倉がホテルパシフィック東京二階の「バーバーショップ佐藤」という理髪店に毎日のように通っていた話はよく知られている。高倉は、久保の息子から彼と長嶋の通った床屋を紹介されても、そこは譲らなかった。店主の佐藤英明《さとうひであき》が高倉のために店に個室まで用意してくれ、高倉は事務所代わりに使っていた「バーバーショップ佐藤」に律儀《りちぎ》に通った。高倉をはじめ三島由紀夫《みしまゆきお》なども通ってきた名店である。

おもしろいもので、高倉と久保のあいだにも、理髪店のつながりがある。「バーバーショップ佐藤」店主の佐藤は、もとは銀座の「米倉」という理髪店に勤めながら修業し、独立したのだが、久保は「バーバーショップ佐藤」の常連客の一人だった。というより、もともと久保が「米倉」時代に佐藤を知り、高倉に紹介したわけだ。また、佐藤が店を持つときに久保が力を貸したという説もある。息子の智史にもそれを尋ねてみたが、そこはきっぱり否定した。

「たしかに父もいっとき『佐藤』には通っていましたけど、独立したのは佐藤さんのお力で、父の手助けはありません」

店主の佐藤は高倉プロモーションの取締役に名を連《つら》ねていた時期もあるほど、高倉と親密だった。高倉の私生活を支えてきた通称「チーム高倉」のメンバーの一人で、高倉の死からほどなくして理髪店を閉めた。

話を長嶋のことに戻そう。

久保は長嶋の後見人として、長男「一茂《かずしげ》」の名づけ親になった、と東映の関係者や江利チエミの近親者が口をそろえる。その件を智史に尋ねてみると、否定しない。

「父は（長嶋の）親代わりのような感じだったのではないでしょうか。長嶋さんのお父さんが亡くなっていたので、ご本人の結婚式のときも、そんな役回りだったと聞いています。それで父が、長嶋さんの四人の子どもたちの名づけ親になったのではないでしょうか。私の結婚式のときには、長嶋さんご本人と一茂さんがいっしょにいらしてくださいました」

マリオ・プーゾの小説を映画にした「ゴッドファーザー」シリーズには、マーロン・ブランドやアル・パチーノの演じるコルレオーネ・ファミリーの家長が、親族や親しい友人の子の名づけ親になるシーンが登場する。日本にもそうした慣習があったのかもしれない。久保は、スカルノの護衛を頼んだ小林楠扶の息子の一人にも名をつけたといわれる。

久保の息子・智史が結婚したとき、高倉は海外で仕事があったため、披露宴に出席できなかったが、祝いのメッセージはしっかり届いた。そう智史はいう。高倉や長嶋とともに毎年行っていた成田山新勝寺の初詣について記憶にあるか、と尋ねてみた。

「少なくとも、僕が小学校三年生のときから大学を卒業するまでは、いっしょに行っていました。この写真は、成田山に行く前に撮ったものです」（智史）

この章の冒頭で紹介した二枚の写真のうちの一つが、それだ。智史を挟んで左に長嶋茂雄、右に高倉健が写っている。久保家の屋敷の階段あたりで撮ったように見える。

向かって右側の高倉は、茶色のセーターからワイシャツの襟《えり》を出した比較的ラフな格好をしている。かたや左側の長嶋は、淡いブルーのダブルのブレザーを着て、ネクタイを締めており、正装に近い。ブレザーの胸ポケットからは白いチーフがのぞいていた。

政界から実業界、スポーツ・芸能の世界、裏社会にいたるまで、久保正雄はみずからの人的ネットワークを張り巡らせ、ビジネスに生かしてきた。高倉健はその久保に目をかけられ、銀幕スターとしての階段を着実に駆けあがっていった。が、みずからの近くにいる人たちへの気配りも忘れなかった。

プレゼント癖

「かつて東映では、健さんの仕事をするスタッフが四〇名くらいいて、チームを組んできました。健さんにくっついて一生懸命尽くす人たちにはいいこともあります。いろんなものをくれる。その一つがロレックスの時計ですね。ほかのプレゼントも安ものじゃない。高いから、みんな喜ぶわけです。それで、余計に尽くす。悪くいえば、健さんはそういう計算もできたのではないでしょうか」

東映の古参プロデューサー吉田達は、人を褒めることが苦手だといいながら、次のようなエピソードを再現してくれた。

「達ちゃん、旦那が呼んでます」

あるときスタッフから声がかかり、吉田が高倉専用の控え室に顔を出した。畳敷きの広い部屋では、一〇人ほどのスタッフに囲まれて、真ん中に本人が座っていたという。高倉のそばに衣類を収納する竹籠がいくつも積まれていた。

「達ちゃん、この頃、あんたのコート、ちょっとくたびれてるでしょう？　達ちゃんも、プロデューサーとして名前が売れてきてるんだから、どんなものを着てるか、見られるよ。で、今日は、僕が家から持ってきたから、好きなものを選んで持って帰ってよ」

中学生だった薬師丸ひろ子にバーバリーのコートをプレゼントしたような感覚かもしれない。そういって竹籠を開け始めた。なかに入っているのは、英国製の高級ブランド・コートばかりだ。すかさず、スタッフが一枚ずつコートを広げて吉田に着せていく。このときのエピソードを語ったときもそうだが、吉田はストレートに高倉健を持ち上げるような話しぶりは決してしない。こういった。

「スタッフもそれを見ているし、まるでファッション・ショーをやっているような感じで恥ずかしかったね。とっかえひっかえ、次々とコートを出してきて、僕がそれを着てみせるわけです。恥ずかしいから途中で『健さん、これ、いいですね』ともいったのですけど、健さん『わかった、でもこれも着てみてよ』と、次から次に出してくる。七着目くらいだったかな、健さんが『達ちゃん、それ、似合うよ』と指さすと、周囲のスタッフも『うん、似合う、似合う』とお追従《ついしょう》をいう。結局、一〇着以上着て、それに決めました。くたびれましたね」

もう一つ思い出した、と次のような体験談まで披露した。

「僕は（東映の）七期生ですけど、二〇期生の後輩プロデューサーがいました。僕は慶大出身で、彼は早稲田。どちらも健さんの仕事をしていました。それで健さんが僕らを気に入って、いっしょに連れ歩いてくれました。だから僕たちは、社内で競い合うライバルみたいに見られ、『早慶戦』なんてからかわれていました。僕はつい反発するほうだけど、彼はまったく僕とはタイプが違って、すごく大人でね。彼は健さんのいうことなら、なんでも『はい、はい』って付いていく」

いつしか高倉は、タイプの異なる二人を買い物に連れ歩くようになったという。

「東京プリンスホテルの地下に欧州ブランドのブティックがあって、そこは高級ブランドの服や靴しか置いていない。健さんはセーターなんかのちょっとしたものを、そこでそろえていました。で、あるとき健さんが、『今日はパリスでいっぱい買い物をするけど、いっしょに来る？』って聞いてきました。後輩の彼は『もちろん行きます』というので、『じゃあ、俺も行こう』と付いていったのです。そこには健さん専任の従業員がいて、付きっ切りで、抱えきれないくらいたくさん服を買った。たしか金曜日の夕方だったかな……」

吉田がいたずらっ子のような笑顔を見せながら、続けた。

「そのブティックは午後六時に閉める店でした。それでいつの間にか僕らとその従業員だけになっていて、店には誰もいなくなっている。六時半くらいになっていたのかな。店の鎧戸《よろいど》が下りはじめて、閉店時間を過ぎているのに気づいたんです。すると健さんが、『君たちのプレゼントを買わなきゃあ、どれでもいいから早く選んでよ』というう。そしたら、その早大出の後輩が、ダ～ッと靴売り場のところへ駆けだしたんです」

ブティックはけっこう広く、高倉と吉田はそのあとを走って追いかけたという。

「僕はスリムだったんだけど、その後輩は太っていてね。駆けだしたその姿が妙におかしかった」

そう笑った。

「彼には、あらかじめ狙っていた靴があったんでしょうね。店員にそれを指さして履いていったのだけど、なかなか合うサイズが見つからない。それでも『健さん、これにします』って買ってもらっていました。それを見ていて僕は悲しくなってね。そのあと『達ちゃんはどれ？』と健さんが聞くけど、『今度ゆっくり選ばせてもらいます』と断りました」

もっとも、吉田も後日、高倉と二人でブティックにやって来て、高倉に「ゆっくり選んでいいですか」とねだったという。吉田は高倉にとって欠かせない仕事仲間には違いないが、太鼓持ちではなかった。だからこそ、高倉は大事にしたのかもしれない。

オリンピア88の乗船

久保正雄の旧友だった「東声会」会長の町井久之が、暴力団組長と在日韓国人実業家という顔を併せ持ち、下関と釜山を結ぶ関釜フェリーを運航させていた件は前に触れた。「東声会」そのものは、警視庁の暴力団対策強化による取り締まりに遭い、一九六六年に組を解散する。以後、町井は組織を東亜友愛事業組合と改めたが、その威勢は衰えなかった。

町井は田中角栄《たなかかくえい》や小佐野賢治、両人の刎頸《ふんけい》の友である児玉誉士夫らに師事し、戦後、日本政財界の舞台裏で暗躍していく。プロレスラーの力道山にも肩入れし、まさに裏社会と表社会をつなぐパイプ役の機能を果たしてきた。時代が町井のような存在を必要としていたともいえる。

この町井に倣《なら》うかのように大阪国際フェリーを就航させたのが、許永中《きょえいちゅう》である。一九九一年に戦後最大の経済犯罪と称される「イトマン事件」を引き起こした。許は事件からさかのぼること五年の一九八六（昭和六一）年、釜山・大阪間の第一便の就航を果たす。二年後の一九八八年のソウル五輪開催をにらんだ事業として注目された。

大阪国際フェリーの就航記念パーティには、政財界から暴力団関係者にいたるまで、さまざまな顔ぶれがそろった。衆議院議員の亀井静香《かめいしずか》はむろん、大阪府知事の岸昌《きしさかえ》、衆議院議員の浜田幸一《はまだこういち》や中山正暉《なかやままさあき》、日本青年会議

町井久之

浜田幸一

所会頭の鴻池祥肇《こうのいけよしただ》ら、自民党系の面々が数多く招待されていた。また、元山口組系柳川組組長の柳川次郎《やながわじろう》などもパーティに参加していた。そのせいで、ホテルの周囲には、大阪府警の捜査員が大勢出動して張り込んだほどだ。

　許永中が心血を注ぎ、「オリンピア88」と命名された週二度の定期運航船の第一便が、釜山から大阪に向けて出港したのは、一九八六年の三月三一日のことである。そこには、先に書いた錚々《そうそう》たる顔ぶれのほかに、意外な有名人も乗船していた。

「よほど第一便に乗りたかったのでしょう。本人みずから乗船の申し込みをしてきました」

　近畿放送「KBS京都」元社長の内田《うちだ》和隆《かずたか》が生前にそう語った人物は小田剛一、繰り返すまでもなく高倉健である。近畿放送は一時期、許が経営に参加していた関係で、フェリーの乗船代行窓口になっていた。

　その社長の内田の口から名前が飛び出した高倉健は、すでに仁侠映画を卒業し、日本映画界における第一人者の地位を不動にしていた。フェリー就航の前年に当たる一九八五年に公開された映画「夜叉」では、ビートたけしと共演し、人情味あふれる元ヤクザを演じ切って、大きな評価を得ていた。近畿放送社長の内田は、そのことを鮮明に覚えていた。

「申し込んできた小田剛一という人物については、招待客でもないし、聞いたこともありませんでした。フェリーは国際航路なので、テロ対策の必要もあり、乗船者はすべて、どんな人物か確認しなければなりません。それで本人に職業を質問したのです。すると俳優だという。あの高倉健じゃないですか。驚きました」

釜山から大阪までの航行は二二時間、多忙な高倉が船上の人となったのである。しかもマネージャーなど、いっしょに乗船を申し込んだ同行者もいなかった。

私は二〇〇一年にソウルでこのときの模様を取材し、拙著『許永中　日本の闇を背負い続けた男』（講談社＋α文庫）でも、高倉の乗船シーンを描いた。

二〇〇一年当時の取材には、伝手《つて》を使い、ソウルで運よく第一便の乗船者を発見した。招待客だった韓国人の男優だ。彼はアルバムをめくりながら、嬉しそうに、流暢《りゅうちょう》な日本語で話してくれた。

「フェリーの就航は、韓国でも大変な評判になりました。テレビ各局の放送クルーがソウルから釜山港に駆けつけ、出港の様子を生放送していました。船は大勢の乗客でごった返していた。なかには船に乗るため、わざわざ日本から駆けつけていた人も大勢いたのです。政治家や相撲取り、プロ野球の張本勲さんや、ヤクザの柳川次郎さんなんかも乗っていましたね。そのなかでも高倉健さんの姿は忘れられません」

いわば日韓の俳優同士。同業者ということもあり、とくに高倉のことが印象に残ったと話した。船上の高倉健は、映画のなかで見せる姿そのまま寡黙《かもく》だった、と韓国人俳優は続けた。

「デッキにひとり立ち、ポケットに手を突っ込んで海を眺《なが》めている人がいるので、誰かな、と思って声をかけたんです。振り返った顔を見てびっくりしました。高倉健さんではないですか。そこで韓国MBC放送のカメラマンに、『おい、あれが誰か知っているか』と聞いたんです。すると、知らないという。『あの人は日本でいちばん有名な映画俳優なんだ』と教えてやったのを覚えています。健さんはマネージャーも連れず、ひとりで船に乗っていました。いっしょにレストランでビールを飲みました。健さんは、とてもラフな格好《かっこう》をしていましたね。空色のコットンシャツを着て、とてもラフな格好《かっこう》をしていましたね。健さんには、韓国への思い入れがあるのでしょうね」

船は一昼夜かけ、釜山港から大阪湾に入った。日本に到着すると、招待客はみな有《あり》馬《ま》温泉で一泊し、その晩は日韓の客が入り混じり、浴衣姿のまま大宴会を開いた。さすがに、そこに高倉の姿はなかったという。

山口組組員との同舟

許永中は在日韓国人のフィクサーと呼ばれた怪人物だ。一方、高倉健の生まれ育った九州・福岡の炭鉱町には、戦中に日本の国策として移り住んだ在日韓国人が少なくない。そこから本人も在日韓国人ではないか、というデマも流れたが、生家の小田家は江戸初期から続く豪商であり、そうではない。

とすると、なぜ高倉健は日韓航路のオープニングに駆けつけたのか。そこで二〇一六年、この件を再取材すべく、改めて関係者から話を聞いた。

許永中

もともと高倉本人は招待されたわけでもなく、あくまで一般客として本名で乗船を申し込んでいたが、船には招待された山口組の幹部もけっこう乗っていた。

高倉はこれまで世間体《せけんてい》を気にもせず、若い

頃に世話になった暴力団関係者や映画で知り合った山口組幹部との交誼《こうぎ》を大事にしてきた一面もある。すると乗船したのは、そうした関係からだろうか。かつての俊藤浩滋の部下だったプロデューサー、川勝正昭《かわかつまさあき》にそう聞いてみた。だが川勝は、「それも違うのではないか」と首を捻《ひね》る。

「よほどのコネか招待がないと、第一便には乗らへんやろうと思います。あの船には、許永中の秘書みたいな山口組の幹部も乗っていました。けどあの頃、その組幹部は電話でこう話していました。『フェリーには国会議員や有名人が乗っていたさかい、俺らは表に出たらあかん、と命令されていた。そやから大人しゅうしてたんや。けど、びっくりしたで、健さんが船に乗り込んできたときは。なんでか？　てか、それは俺のほうが聞きたいくらいや』と。だから理由は、いまだにわからへんのです」

高倉健は、このとき、みずからをスターダムに引き揚げてくれた東映のヤクザ映画路線から離れていた。そこには、いまだ語られていない決別の儀式がある。

第六章　義理と人情に支配された男

ポルシェを飛ばして焼香

スクリーン以外、みずからの姿をさらけ出すことを極端に嫌った高倉健の日常生活は、今なお謎に包まれている。いったい日頃は何をしていたのか。

「西麻布の交差点を歩いていた」「青山の喫茶店でコーヒーを飲んでいた」

生前、こうした類《たぐい》の目撃情報がしばしば流れ、それらが都市伝説化してきた。「エイズ騒動」などは、その典型だろう。しかし、ごく稀《まれ》に本当の目撃情報もあった。その一つが、先の大阪国際フェリーの乗船である。

孤高の人と呼ばれた高倉健は、その実、人間付き合いを非常に大事にしてきた。撮影現場で世話になった九州のラーメン店主にロレックスの時計をプレゼントしたこともある。たとえその付き合いが、反社会勢力と非難される相手であっても、姿勢を曲げない。それは世間一般の尺度ではなく、みずからが選んできた交友だからだ。

「私と健さんは歳も近く、親しくさせてもらいました。私の息子が若くしてアメリカで亡くなり、それをずいぶん気にかけてくれていましてね。いつしか息子の命日になると、東京から焼香《しょうこう》にやって来てくれるようになった。電話一本もなく、付き人も連れず、一人で東京から岡山までポルシェを運転して来ましてね。そこまでしてくれる芸能人なんて、ほかに誰もいません」

かつて私に、こう話してくれた暴力団組織の大物組長がいる。元山口組最高幹部の大石誉夫《おおいしたかお》である。大石は高倉健より二つ年齢が下だ。

岡山県を中心に中国地方に一大勢力を築いた大石組は、三代目山口組組長の田岡一雄《たおかかずお》に引き立てられ、直参《じきさん》と呼ばれる直系二次団体になる。四代目組長の竹中正久《たけなかまさひさ》時代に舎弟、五代目組長の渡辺芳則《わたなべよしのり》体制で舎弟頭《しやていがしら》補佐に昇格し、山口組の執行部入りした。大石個人は、中国・四国ブロック長として組織を束ねてきた、斯界の実力者としてその名が轟《とどろ》いていた。

そんな山口組の元最高幹部と高倉健とのエピソードを私が聞いたのは、六代目組長の司忍《つかさしのぶ》（篠田建市《しのだけんいち》）体制が発足し、大石が山口組の顧問に退いた二〇〇〇年代末のことだ。大石自身は二〇一三年に組織から引退し、井上茂樹《いのうえしげき》が岡山で二代目として大石組を継いだ。

大石は建設談合と芸能興行でその力を発揮したといわれる。山口組の芸能部長と異名《いみよう》をとり、一九七三年八月公開の東映映画「山口組三代目」に高倉健が主演して以来、高倉と親しくしてきた、とみずから語っていた。高倉は中国地方で映画の興行があると大石の家に立ち寄り、親交を温めてきた。

早逝した大石の長男・文隆は、早稲田大学に入学するまで岡山で暮らし、高倉のことを「おいちゃん」と慕ってきたという。高倉もまた、子どものころから「タカ坊」と呼んで可愛がった。

大石は、早稲田大学に入学した息子のために六本木にマンションを買い、上京したときはしばしば高倉たちとそこで過ごした。その息子が亡くなったのは、米国に留学したときだ、と大石組の関係者が振り返った。

「大石の親分は、息子さんの通った米国の大学に桜の木とベンチを寄付し、おかげでヤクザの組長なのに、米国に入国できたらしい。それを観に行っていたんでしょうな、春になるとキャンパス近くの川岸に桜が咲き乱れ、ものすごくきれいだと自慢していました。不幸は、留学して間なくやったな。タカ坊が運転していた車が高速道路で事故を起こしたんです。岡山の自宅で訃報《ふほう》を聞いた親分は、家の階段をのぼれないほどショックを受け、しばらく山口組の行事も休んでいたみたいです」

その息子の命日に、高倉が岡山に現れるようになった経緯についてもこう話した。

「たまたま大石の親分が、息子が住んでいた六本木のマンションにいたときでした。私らもそこにおったので、よう覚えています」

こんなやり取りがあったという。

「健さんがポルシェを飛ばして、岡山の家にひとりでやって来たんだそうです。はじめは出迎えた若い衆が高倉健だと気づかなかったみたいで、『どちらさん？』と、玄関口でやり取りしているのを兄貴分が聞き、『あほう、おまえ知らんのか』と怒鳴《どな》りつけて、何とか家に上げたそうです。で、健さんは焼香を済ませると、『これから九州に行かなければならないので、失礼します』と、すぐに帰ろうとした。それで、兄貴分の組幹部が東京にいた親分に電話してきたのです。六本木で電話に出た親分が、『そのまま帰すとは何事ぞ、そんなことしたら破門じゃすまへんぞ』と、恐ろしい形《ぎょう》相《そう》で怒り出した。あんなに怒った親分をそばで見たのは、初めてでした」

もっとも、どやしつけられた組幹部は、どうしていいかわからない。その様子を見ていた高倉健が電話を替わったのだろう。こういった。

「大石さん、俺は大石組長じゃなく、タカ坊に会いに来たんだよ。だから怒らないでください。気持ちよく一人で帰らせてくれませんか、お願いします」

その言葉を聞いた大石は感激して二の句が継げない。ますます高倉健に心酔してしまったという。

不良プロデューサーとの出会い

「最初は、上森子鉄から岡田茂を紹介されてな。それからもう少しあとだな、俺が俊ちゃん（俊藤浩滋）を知ったのは」

「キネマ旬報」の編集長や角川映画社長を歴任してきた日本映画界の生き字引き、「黒井オフィス」代表の黒井和男は、そう回想した。

上森子鉄は、戦後の右翼総会屋として日本の実業界に睨《にら》みを利かせてきた。一九九七年五月、野村證券の利益供与事件で摘発された小池隆一《こいけりゅういち》の師ともいわれる。黒井はその上森の薫陶《くんとう》を受けたといってはばからない。

「その頃、京都の撮影所には、もう鶴さん（鶴田浩二）がいたかな。岡田さんと鶴田浩二は大正生まれで、だいたい同じ世代なんだよ。東映に入ったその頃の俊ちゃんは、山口組の客分みたいなもので、映画のことなんてろくに知らない。だから岡田茂が（プロデューサーの）吉田達たちに『おまえ、俊藤が映画をやりてえっていうから、教えてやれ』と命令して、東映の仕事が始まったんだよ」

高倉健は、任俠映画シリーズを手掛けた東映の名プロデューサー、俊藤浩滋によって俳優として大きく花が開いた。俊藤が高倉を国民的なスターに押し上げた最大の功労者なのは、東映だけでなく映画界の誰もが認めるところだ。

「次《じ》郎長《ろちょう》三国志」や「日本俠客伝」など、俊藤が巨匠マキノ雅弘監督と組んで制作した東映のヒット作は数限りない。だが、実は俊藤自身は、もともと本格的な映画製作の経験がなかった。

本人は暴力団組員でも幹部でもないが、若い頃から暴力団の賭場《とば》に出入りしてきたという。経歴も謎めいていて、のちに警察からも山口組関係者と間違われるほどだが、そんな経験や若いころに培った人脈が、ヤクザ映画の制作現場でものをいった。俊藤はマキノや岡田よりもっと不良性が高い。

その俊藤がなぜ東映に入り、高倉健を育てることができたのか。そのいきさつがまた、味わい深い。

大川博

東急グループの総帥・五島慶太に抜擢されて東映社長に就任した大川博は、野球好きで知られた。趣味が高じて親会社が冠スポンサーとなっていた東急フライヤーズを買い取り、東映フライヤーズと改めて、球団経営に乗り出した。みずからオーナーとなった球団に、読売巨人軍監督の水原茂《みずはらしげる》を引き抜こうとして、プロ野球界が大騒動になる。

その巨人軍の監督だった水原茂の移籍を橋渡ししたのが、俊藤浩滋なのである。

「マキノ雅弘、岡田茂、俊藤浩滋の三人は、京都の愚連隊仲間だったんです。若いときにいっしょに遊んでいた。そのなかでも俊藤さんには、妙な人脈があった。で、東映フライヤーズの騒動のとき、『俊藤さんに頼めば巨人の水原さんを連れてこれるんじゃないか』と、岡田さんが大川社長に引き合わせたんです」

東映の名物プロデューサー、吉田達が、巨人軍の水原監督引き抜きと俊藤の東映入りの裏側について、懐かしそうにこう語る。

「あとから大川さんがたいそう喜んでね、『俊ちゃん、お礼したいんだけど、何がいいかな?』って尋ねてきたのです。で、俊藤さんは答えた。『社長、僕も映画をやらせてもらえないでしょうか』とね。『じゃあ、岡田に頼むからよろしく』となったんです」

東映社長の大川は、それまでの時代劇路線から任俠映画に舵を切るに当たり、第二東映という形で別会社を立ち上げ、次々と話題作を生み出していった。大川に命じられた岡田は、練馬区大泉の東映東京撮影所長に異動になり、俊藤の世話をした。そこで、吉田に声がかかったのである。

学生時代からフランス映画にのめり込んだ吉田は、東映に入社すると、希望して撮影所に勤務していた。映画に詳しい吉田が、岡田から俊藤の面倒を見るよう紹介されたという。

「僕の実家は製紙会社を経営していて、家が葛飾《かつしか》にあったんだけど、東映の撮影所勤務になってからは大泉まで遠いので、撮影所のすぐ裏に下宿していたんです。それである日の朝、岡田さんから『おい達、起きてるか？　今日は撮影がねえだろうけど、朝の九時前に来い』と電話があって、八時半頃に所長室に行った。そしたら、役者みたいな人がいるわけです」

それが俊藤だった。吉田は俊藤も岡田と同じく映画俳優顔負けの色男に見えたという。

「岡田さんは、『達よ、これが俺の友達の俊藤さんや。今度、俊藤さんが東映のプロデューサーになる。だから、おまえがポスターの配列表とか、プロデューサーの事務手続きを教えてやってくれ』という。そうして岡田茂の命令で、僕が俊藤さんの最初の部下になったんです」

これが東映ヤクザ映画の屋台骨を支えた俊藤・吉田の名コンビ誕生の裏事情だ。水原茂が巨人軍から東映フライヤーズへ電撃移籍したのが、一九六〇（昭和三五）年一二月のこと。俊藤はそれが縁で東映入りした。

俊藤浩滋の人脈は政財界から芸能スポーツまで幅広い。それは銀座のクラブ「おそめ」のオーナー・ママと結婚したから築けたという映画関係者も少なくない。当人は独自の暴力団人脈に加え、「おそめ」を通じて著名人と交わってきたとされる。鶴田浩二も俊藤の東映入りと同時に、東宝から東映に移籍した。そこから俊藤と吉田の二人のプロデューサーで、高倉健や鶴田浩二の主演映画をプロデュースするようになるのである。

先の黒井は、「俺はもともと鶴さんから『これが高倉っていうんだ』と引き合わされて知ったんだけどね」とこうも話した。

「ただ役者っていうのは不思議な人種でね。それで俺が高倉と親しくなった。すると鶴さんは、『おまえ最近、高倉と仲がいいらしいけど、俺と高倉と、どっちが大事なんだよ』なんてことを聞く。そんなことを恥ずかしげもなく本気でいうんだから、役者族というのは普通の人間じゃないんだよな」

俊藤の元部下、吉田が自嘲気味《じちょうぎみ》に語った。

「俊藤さんと出会う前の高倉健は、下手な主演をやっていましたよ。何を隠そう、俊藤さんが東映に入る前に、その映画を製作していたのが僕ですから、よくわかる。

（一九五七年公開の）『喧嘩社員』とか、『無敵社員』とか、『殴り込み艦隊』や『大空の無法者』（ともに一九六〇年公開）、『男の血潮がこだまする』（一九六一年公開）などなど、健さんに、いろんなことをやらせてきました。だけど、俊藤さんがいないから、どれもぜんぜん当たらないわけ。映画館はことごとくガラガラでしたね」

俊藤と高倉との出会い以降、岡田茂の口癖だった東映の「不良性感度」作品ができあがっていく。それが高倉健にピタリとはまったのだろう。高倉には俊藤の娘、藤純子（富司純子）との共演作も数多い。

高倉健の出世作といわれる「人生劇場　飛車角」は、岡田茂と吉田達、さらに亀田《かめだ》耕司《こうじ》によって企画されているが、それらのほとんどは俊藤プロデュースによる作品だ。高倉健は俊藤のプロデュースによって、大ヒットシリーズとなる「日本侠客伝」「昭和残侠伝」が世に出てから、瞬く間にスターダムにのし上がっていった。

東大卒とヤクザが渾然一体

「吉田プロデューサー、至急、社長室までお願いします」

東映本社の館内放送で、プロデューサーの吉田達が呼び出された。岡田茂が東映の二代目社長に就任して間もない頃のことだ。何ごとだろうと吉田が息せき切って社長

五島昇

室のドアを開けると、そこには安藤昇がいた。安藤はのちに東映から俳優として映画デビューするが、このときはまだ安藤組の組長だ。

俊藤とともに数々の任侠映画の名作を生み出してきた吉田は、安藤とも旧知の間柄だった。吉田が社長室に入ると、振り向いた安藤が立ち上がった。

「それじゃ社長、また来ますから。おう達ちゃん、お茶でも飲もうや」

安藤は吉田に話をしたかったのだろう。館内放送で社長室に吉田を呼び出したのは、社長の岡田ではなく、安藤のほうだった。

「なんで俺がここへ来たんだと思う?」

そう吉田に問いかけながら、安藤は喫茶室へ向かう階段を下っていった。喫茶室で二人が座ってコーヒーを口に運ぶ。すると、安藤が吉田に向かってにやりと笑った。

「実は、突然、岡田社長から『アンちゃん、一〇分でいいから来れないかな?』と電話かかってきてねぇ。『五島昇《ごとうのぼる》さんが全国に六〇のゴルフ場をつくろうとしているんだけど、そのうち三七件でヤクザに邪魔されて工事がストップしているんだ』というんだよ。で、『何とかならんかなぁ』と、ひとり言のようにつぶやくんだな」

東急グループ創設者・五島慶太の後継者である二代目の昇は、東京帝国大学ゴルフ部に所属した無類のゴルフ好きで知られる。ライバルの西武鉄道グループに対抗し、日本全国でゴルフ場開発を推し進めた。名門の「東急スリーハンドレッドゴルフ倶楽部」を設立したのも、五島昇だ。「スリーハンドレッド倶楽部」は、その名のとおり、三〇〇人の限られたエスタブリッシュメント専用のコースとして、歴代首相がメンバーになっている。

吉田はすぐに安藤の話が飲み込めた。

「それで、どう、答えたんですか」

そう尋ね返すと、さらに安藤が顔をほころばせた。

「『そうですねぇ、半年ぐらいあれば、何とかなるのでは』と答えたんだよね」

東急グループの傘下企業だとはいえ、映画会社の社長がゴルフ場開発に携わっているわけではない。にもかかわらず五島に頼まれて社長の岡田がゴルフ場開発にひと役買って出た。それはやはり岡田が裏社会に通じたネットワークを持っていたからにほかならない。実際、安藤への依頼が奏功したようだ。

実は、プロデューサーの吉田が社長室にいる安藤に呼び出されたのは、ゴルフ場開発のトラブル処理がうまくいったあとの話である。吉田が改めてことの経緯を説明してくれた。

「安藤さんはさすがですよね。ゴルフ場のトラブルは、言葉どおり半年のうちに、きれいに片づいたらしい。それで岡田さんはもちろん、五島昇も感心しちゃったんだって。それで安藤さんは『今日は、五島さんに褒められたんで、お礼がしたい』と、岡田さんから会社に呼ばれたというのです」

吉田は、このときの安藤との会話を実によく覚えている。

「そこで、岡田さんから『アンちゃん、お礼は何がいい？』って話が出たらしい。ところが安藤さんは僕にその話をしながら、『俺はそれなりにおねだりをしてきたんだけどね』といいながら、話題を変えて、『ところで、いま達ちゃんは何やってんだい？』と聞く。だから『従業員二〇〇人ぐらいの子会社の東映ビデオに移って、取締役企画部長をやってるんです』と答えたのです。すると、『よし、それなら達ちゃんを本社の役員にするようにお願いしてみるよ』というじゃないですか。僕は『それは勘弁してくださいよ』と断ったんだけどね」

俊藤浩滋と二人三脚で東映の全盛期を築いた岡田茂は、任侠映画というドル箱を売り物にするかたわら、裏稼業のネットワークを使い、そのパイプに頼ってきたともいえる。東大卒のエリートと、その筋の大物たちが、渾然一体《こんぜんいったい》となってきた時代でもあった。

一方、俊藤もまた、その世界には顔が広い。実は、山口組三代目組長の田岡一雄の長男・満《みつる》の結婚を取り持ったのが、俊藤なのだという。京都撮影所で俊藤の下で働き、のちに俊藤が設立したオスカープロモーションの製作部長を務めたプロデューサーの川勝正昭が、こう打ち明けてくれた。

「満さんの相手は、俊藤さんが富司純子のあとに見いだした三人の女優のうちの一人で、中村英子といいました。もとはパチンコ屋の娘で、満さんといっしょになったときに開いた結婚披露宴は、それは盛大でしたで。もちろん、健さんをはじめ東映のえらいさんも、ぎょうさん出席してましてね」

映画「山口組三代目」の舞台裏

山口組の芸能活動は古く、もとはといえば二代目組長の山口登《やまぐちのぼる》が始めたとされる。本格的に力を入れ始めたのが、終戦の翌一九四六年、田岡一雄が三代目組長を襲名してからだ。

田岡は港湾開発と芸能興行を組織の収入源の二本柱に据えた。いわば日本社会が暴力団とともに成長し、芸能界だけでなく政財界もまた、暴力団ともたれ合っていた時代である。自然そこでは、濃密な人間関係が垣間見《かいまみ》られた。

高倉健が主演した一九七三年公開の「山口組三代目」では、モデルの田岡が長男の満に「神戸芸能社」（のちのジャパントレード）を任せ、映画をプロデュースさせた。

息子の満は、あくまで山口組とは関係のない立場だ。だが、その反面、翌一九七四年五月一三日に開かれた東映女優との披露宴の模様は、組の機関紙「山口組時報」にも掲載されている。大阪ロイヤルホテル（現・リーガロイヤルホテル）で開かれた盛大な披露宴の来賓《らいひん》はおよそ七〇〇人にのぼり、警察が来賓をチェックするなか、日本を動かしてきた政財官界の面々や芸能人が公然と宴《うたげ》に駆けつけた。

結婚式の媒酌人《ばいしゃくにん》は、田岡の盟友として知られた政界のフィクサー、田中清玄《たなかせいげん》だ。戦前の共産革命活動から戦後に天皇主義に転じた田中は、山口組の田岡とともに麻薬撲滅運動を展開した間柄である。

披露宴には、元総理大臣の岸信介から祝電が寄せられ、関西出身代議士の中山正暉や石井一《いしいはじめ》、元神戸市長の中井一夫《なかいかずお》などが駆けつけた。

また芸能界では、梅田コマ劇場から舞台衣装のまま大村崑《おおむらこん》と西郷輝彦《さいごうてるひこ》が馳《は》せ参じ、高倉健はもとより、鶴田浩二や富司純子、清川虹子、勝新太郎《かつしんたろう》・中村玉緒《なかむらたまお》夫妻、梅宮《うめみや》辰夫《たつお》、伴淳三郎《ばんじゅんざぶろう》、五木《いつき》ひろしなども列席した。さらには、東急電鉄社長の五島昇や三菱倉庫社長の松村正直《まつむらまさなお》といった財界の重鎮《じゅうちん》たちの姿まであった。

先の川勝も、当然のことながら、このときの披露宴に出席している。

「田岡満さんは、いっとき東映のプロデューサーをやっていたこともありました。作品にプロデューサーとして名前を入れとったら、安心ですやろ。東映もそれをフルに使うとったわけです。だから田岡組長も東映には気を遣っていました。満さんの結婚披露宴では、健さんをはじめ招待した東映俳優に対する心づけとして、田岡組長から会社にご祝儀《しゅうぎ》が出ましてね。全部で三〇〇〇万円だったと聞いています」

田岡一雄

芸能界と暴力団——。暴力団対策法や暴力団排除条例が施行され、コンプライアンスが厳しくなった昨今こそ表立って交際できないが、長らく不可分の関係にあったのは疑いようがない。ヤクザ映画のスターだった高倉健や鶴田浩二を例に挙げるまでもなく、映画会社や芸能プロダクションそのものが、暴力団関係者と密接に交わってきた。

「僕が旦那と初めて知りおうたんは五〇年ほど前の『祇園祭《ぎおんまつり》』という映画でしたけど、そのときもヤクザに妨害されましてな。大変でしたんや」

そう懐かしがるのは、東映の制作課で働いていた時代に高倉健と知り合った京都の「付き人」西村泰治である。エイズ騒動の折、本人が西村の自宅にひと月ほど身を寄せていたのは前に書いたとおりだ。

山内鉄也《やまうちてつや》監督の映画「祇園祭」は東映で企画されたが、制作費などの関係で、松竹が配給することになる。応仁の乱のあと開かれなかった祇園祭を再開すべく、京都の町衆が室町幕府に反旗を翻《ひるがえ》した物語だ。主演は中村錦之助、三船敏郎《みふねとしろう》や美空ひばり、町衆「巽組《たつみぐみ》」組長役で高倉健が共演していた。

「要するに、一揆《いっき》を起こして町が揉《も》めるのやけど、そこで旦那が『この話、待った、待った』と颯爽《さっそう》と仲裁するシーンがある。それがなんともカッコいい。で、あとで錦之助さんに健さんを紹介してもろたんです。あのロケは大変でした。刺青《スミ》を入れた地まわりのヤクザ五〜六人が、『誰に断ってやっとるんや』と乗り込んできてね。僕の頬《ほお》を日本刀でペタペタ撫《な》でよる。けど、こっちは制作のロケ担当やさかい、俳優さんだけは守らなあかんし、話をつけなあかん、そんな時代でした」

暴力団との付き合いはトラブル対策という側面もあった。だが、やはり取り締まる側の警察当局は、おもしろくはなかった。

「ヤクザと付き合って何が悪い」

東映の「山口組三代目」は田岡一雄の原作となっている。週刊誌「アサヒ芸能」の連載がもととなっているが、作家に原作を任せると、あとあと揉める原因になりかねない。そんな懸念から、東映側が田岡一雄の自伝という形をとったとされる。むろんそれは、田岡本人の了解を得たうえでのことだ。

東映社長の岡田茂と田岡一雄は、入魂《じっこん》の間柄だといわれた。また俊藤も、山口組との交流が深く、ことに田岡の側近だった菅谷政雄《すがたにまさお》と親しかった。菅谷はのちに山口組を絶縁されるが、終戦後の神戸港を根城にする愚連隊を結成し、田岡も一目おいてきた。

映画「山口組三代目」の企画が、岡田と俊藤のどちらのラインでつくられたのか。そこについてはいまだはっきりしないが、鶴田浩二ではなく、高倉健が主役として抜擢されたのは、ほかならない田岡の指名だとされる。

「映画の企画は田岡の組長から俊藤さんに『健ちゃんに俺の役をやってもらえへんか

な』て話があったらしいで。そのあと長いこと撮影してたから、旦那と田岡組長は、ちょくちょく会うようになった。それから田岡の組長も、健さんを好きになったんちゃうかな。冗談半分に『健ちゃんやったら、若い衆も付いていきおるさかい、わしの跡を継いでくれへんか』いうてたらしい。俊藤さんから、そう聞いたで」

東映映画に長いこと携わってきた京都の西村は、山口組事情にも詳しい。

「映画は大ヒットしました。それは、俊藤さんが切符を山口組に売らしたおかげもあるんや。けど、そのせいで俊藤さんは兵庫県警に毎日取り調べられた。朝九時から始まる取り調べのため、その一〜二時間前に京都を出て、生田《いくた》警察署に行かなあかんかったらしい。で、夕方五時まで取り調べや。それが一週間くらい続いた。要は映画の切符が山口組の資金源になっているのと違うか、という疑いをかけられたんやけど、俊藤さんは刑事に『こちらはお金を組からもろています』といった。でも、なかなか信じてくれへんかったみたいや」

映画のヒットとは裏腹に、現役暴力団組長の実名映画を公開された警察のメンツは丸つぶれという以外にない。おまけに警察の神経を逆《さか》なでするかのように、東映は三代目シリーズの第二弾まで企画した。前述したように、この間、田岡の長男が盛大な披露宴を開き、山口組が勢力を見せつけている。

一九七四年一一月、兵庫県警捜査四課はたまらず、本格捜査に乗り出した。警視庁に応援を頼んで、東映本社をはじめ、俊藤や田岡の自宅などを片っ端から捜索し、関係者を逮捕していった。結果、続編は山口組という実名を映画のタイトルから外さざるをえなくなり、「三代目襲名」という題名の映画に落ち着いた。

この「山口組」シリーズには、山口組の芸能部長と呼ばれた大石組の大石誉夫も大きな役割を果たしている。前述したように大石が高倉健と親しくなったのもそこからだ。俊藤の部下だった川勝は、二人の関係について、次のような裏事情を明かしてくれた。

「愛媛出身の大石さんは、岡山県で大石組を立ち上げて、あそこまでになった人ですけど、最初は金がなかったんです。そのしんどいときに、東映の俊藤さんが『金儲けしいや』いうて助けてやっていた。たとえばその一つが岡山市内で開いた『東映祭り』興行でした。そこに東映から、健さんをはじめ、鶴（鶴田浩二）さんや若山《わかやま》の富《とみ》（三郎《さぶろう》）さん、文（菅原文太《すがわらぶんた》）さん、富司純子さんらを総動員した。岡山市内の体育館みたいな大ホールのステージに彼らを上げて歌わせるんです。当然、会場はいつも鈴なりの満席状態。切符もすぐに売り切れてしまうから、興行はいつも大成功でした」

芸能界では、興行主に儲けさせるためのこの手のイベントを「花興行」と呼ぶのだそうで、興行の裏に暴力団組織がいるとわかっていても、当時は警察も、さほどうるさくはなかった。もっとも、表向き興行主ではない大石組に、どうやって利益を挙げさせるのか。川勝に尋ねた。

「花興行の大きなアガリは祝儀です。大石組が仕切っているのは皆わかっているから、地元や周辺の会社の経営者たちが組長のところへ祝儀を包んで持って行くわけです。正確なところはわからへんけど、一件あたり一〇〇万以上かな、当時は山ほど祝儀が集まりました。東映祭りは年に二〜四回やっていましたから、大石組は相当な実入りになっていた思います。実際、大石さんは羽振《はぶ》りがようなって、『一生忘れへん、(東映には)恩返しせんといかん』と、口癖のように僕にいうてはりました」

芸能活動だけではなくゼネコン業界にも睨みを利かせてきた大石組は、いつしか山口組内で屈指の資金力を誇るようになる。その資金力があるからこそ、組織のなかで最高幹部にまで昇りつめたわけだ。そんな大石は、田岡と同じように、息子の結婚で盛大な披露宴を開き、映画スターたちを招待した。川勝はこうもいった。

「アメリカで亡くなった方とは別だと思いますけど、大石さんの息子さんの結婚披露宴も、田岡満さんのときと近いぐらい、スターが来ていました。大石さんが会社を通

菅原文太

じて東映の俳優たちに渡した祝儀は、全部で二〇〇〇万円だと聞きました」

招待される側の高倉健にとっては、仕事上の付き合いというより、友情の証《あかし》だったのだろう。生来、義理堅い。亡くなった、その大石の息子の供養を欠かさなかったのも、信心深さというより、ヤクザということを度外視した付き合いに違いない。ある大石の知人は、こうも話した。

「大石さんは高倉健との交友が自慢でした。健さんは一度、東京の麻布署に呼ばれて、『なぜ大石なんかと付き合っているのか』と詰問《きつもん》されたことがあった。ところが健さんは、『私は付き合いたい人間だからそうしているだけで、その何が悪いのですか』と平気だったそうです。大石さんは、そこにえらく感激していました。健さんからプレゼントされたという特別仕様の薄型ロレックスのペア時計を見せびらかし、嬉しそうにそう話していました」

高倉健は生前、世話になった故人の墓参りや病気見舞いを密かに続けてきた。国民的な映画スターだけに、暴力団関係者との交友については、その死後もタブー視され、詳細はほとんど伝えられなかった。そのあり様もまた、いかにも高倉健らしい。

任侠映画との決別

しかし、「山口組」シリーズを境に、鶴田浩二と並ぶその看板スターに変化が訪れる。

高倉健は、一九七〇年代に入ると「高倉プロモーション」を設立して、東映の所属俳優ではなくなった。独立したのである。それが社長の岡田茂の怒りを買ったといわれる。事実、一九七三年に公開され、大ヒットした菅原文太主演の「仁義なき戦い」とそのシリーズには、起用されなかった。そして本人は、ヤクザ映画から足を洗う。

東映から離れた理由には、俳優・高倉健の生みの親である名プロデューサー、俊藤浩滋との確執も囁《ささや》かれた。だが、その実、ヤクザ映画からの転向の原因については、今ひとつ判然としない。五〇年来、高倉のそばにいた京都のガソリンスタンド経営者、西村泰治に改めてそこを尋ねてみた。

「旦那と東映がおかしゅうなったきっかけは、『神戸国際ギャング』（一九七五年公開）でした。この映画に、俊藤さんが、日活ロマンポルノの田中登《たなかのぼる》監督を起用した。ここからでしたんや」

「神戸国際ギャング」は、高倉健率いるギャング団が米進駐軍のMPに扮して隠匿《いんとく》物資を強奪する物語だ。俊藤が親しくしていた菅谷組の菅谷政雄をモデルとしている。菅谷は組長ではなくボスと呼ばれ、ボンノという愛称もあった。「神戸国際ギャング」はいわゆる愚連隊のギャング映画だ。

俊藤は、売り出し中の菅原文太を高倉と共演させ、テレビ・ニュースの再現ドラマ「ウィークエンダー」で人気の出ていた泉《いずみ》ピン子も使った。従来の任侠路線に加え、エロチシズムを取り入れようと、主演の高倉と日活女優との濡れ場シーンを撮影し、案《あん》の定《じょう》、そのシーンが評判を呼んだ。が、それが問題だったと、西村が言葉を継ぐ。

「旦那は日活ロマンポルノの田中さんなんか知らんかったけど、この映画には、相手役の女優の顔に雑誌をかぶせてSEXする濡れ場シーンがあるんや。旦那は、『あまりに女優に失礼に当たるから、ここだけは表に出さないでほしい』と、田中さんに頼んだ。けど、それがそのまま映画に出てしもた。それで旦那は『もう、あの人（田中監督）といっしょにやるのは嫌だ』といい出したんや。そのあたりから、俊藤さんとの仲がこじれだしたんです」

俊藤は、ありきたりの濡れ場より、芸術性の高いエロチシズムを追求する田中を重用した。当時を知るプロデューサーの川勝はこう評した。

「俊藤さんは、プライベートでも田中登のきわどいエロ映画をよう見とったし、岡田茂さんも、ものすごうエロが好きやった。それに俊藤さんにしてみたら、東映の資本で映画を作らせてもろうてるから、どうしても資本側の味方になる。そういうところもあったのと違うやろか」

だが、高倉健には、それが受け入れがたかったに違いない。映画のスタッフといっしょに芸者遊びをし、あるいはソープランドにも足を運ぶが、手を出すことをしない高倉には、独特の美学というか、潔癖《けっぺき》な部分があった。西村が女遊びをしない理由を尋ねると、本人はこういった。

「泰治、俺は、高倉健という名前を地に落としたくないんだよ」

高倉健という俳優として、ヤクザ映画一辺倒では限界があると考えてもいたのだろう。そうして「神戸国際ギャング」を最後に、高倉は東映から独立した。川勝は、俊藤とは異なる任侠映画のプロデューサー目線で、こう話した。

「似たような作品ばかり作っていたら、いずれは役者がコケてまう。とくに健さんは、外国に行っていろいろ映画の勉強をしてはりましたから、このままでは役者が使い捨てにされると思うたんではないでしょうか。初めのほうでずいぶんヒットした『緋牡丹博徒《ひぼたんばくと》』（富司純子［当時は藤純子］主演・一九六八年公開）シリーズも、ぎょうさん作りすぎて、あとからコケてたさかいね。純子さんは健さんのことをものすごく好いていたけど、健さんはその映画にも、もう出たくなかった。健さんの独立は仕方なかったのと違うやろか」

俊藤の愛娘《まなむすめ》である富司純子は、緋牡丹シリーズをはじめ、高倉との共演作も数多い。高倉健への思いは人一倍あったのだろう。一周忌に当たる二〇一五年一一月、唐突に九州・中間市の小田家の菩提寺を供養に訪れ、住職や近所の住人が大騒ぎになった。

富司純子

こうしてヤクザ映画から離れて独立した高倉健は、そこからひと皮むけた。独立した明くる一九七六年に「君よ憤怒の河を渉れ」（大映）、一九七七年に「八甲田山」（東宝ほか）「幸福の黄色いハンカチ」（松竹）と、ヒットを飛ばし、作品に恵まれて新たな境地を切り開いたといえる。この間、「生みの親」である俊藤と会うこともなかったが、互いに気にかかっていたのはたしかなようだ。

「僕は、もういっぺん俊藤さんに、旦那の映画を撮らせたかった。それで『旦那、すまんけど、俊藤さんに会うたってぇな』と頼んだのです。旦那も気にかかっていたのだと思います。そうしたら、『泰治、なんかいい方法はないかな』と、まんざらではなかった」

そこで西村は、一計を案じた。東映独立から二年後、高倉健と西村、さらにもう一人映画プロデューサーを伴い、大阪市内の俊藤宅を訪ねたという。

「俊藤さんには、旦那が行くことを内緒にして自宅を訪ねることにしたんや。それでピンポン（とチャイム）を鳴らしてドアが開いたので、旦那だけを俊藤さんの部屋に入れて、二人きりにさせた。もちろん旦那もその意味がわかっているさかい、ドアを閉めて二人で話していました」

西村たちはドアの外で聞き耳を立てた。

「そうして、『よう来てくれたな健ちゃん、まあ上がりぃな』という俊藤さんの声が、ドア越しに聞こえてきました。けど、立ち話のまま五分で出てきたんや。旦那にしてみたら、ここでズルズルと話し込むと、以前のようにまた、深う交わらなければならなくなる。そう思ったたんと違うかな」

この俊藤との再会は、横浜を舞台に暴力団抗争を描いた一九七八年公開の「冬の華」として実を結んだ。そして高倉健にとって、これが最後のヤクザ映画となる。いわば俊藤との決別といえた。

高倉健抜きになった東映は、菅原文太の「仁義なき戦い」シリーズなど、いっとき実録ヤクザ映画で持ちこたえた。だが、やはり看板スターを失い、次第に窮地《きゅうち》に陥っていく。そんな古巣から助けを求められ、もう一度、一九八〇年公開の「動乱」に出て吉永小百合と共演した。

「動乱」は、岡田茂の息子で、のちに社長になる裕介がプロデュースし、その年の日本国内の興行成績一〇位にランク・インするなど、そこそこのヒットはした。しかし高倉は、この映画のあと、岡田茂の後継社長に就任した裕介との折り合いが悪くなる。そこから一九九九年六月公開の「鉄道員《ぽっぽや》」まで一九年間、東映映画には出なくなった。

文化勲章で発したメッセージ

二〇一三年一〇月二六日、高倉健への文化勲章授与が決定した。文化の日の一一月三日、皇居で親授式が執《と》りおこなわれ、他の四人の受章者とともに、天皇から勲章を授けられた。森繁久彌や山田五十鈴《やまだいすず》など、これまでに授与された俳優は三人いたが、現役の映画俳優としては、初めての快挙である。

高倉健は、それまで「幸福の黄色いハンカチ」の日本アカデミー賞主演男優賞をはじめとした映画関係の賞はむろん、文化功労者や紫綬褒章《しじゅほうしょう》も受章してきた。だが、さすがに文化勲章となると、荷が重いと感じていたようだ。従兄弟で高倉プロモーションの専務を務めてきた日高康は、このとき本人の迷いを感じとっていたという。

「もともと高倉は、そんな晴れがましい賞が好きではないし、『俺は式に行きたくない』といって、紫綬褒章のときも、毎日芸術賞のときも、私が代理で式に出て受け取ってきたくらいです。まして文化勲章となると、国の宝でしょう。文化庁から内示の連絡があったのは、決定の一週間前でしたけど、返事をするまでそれほど時間がない。その間、『困ったなあ、荷が重いな』と、しきりにいっていました」

実際、映画の賞などは「もっと若い俳優にやってくれ」と、何度か断ってきた。が、さすがに文化勲章となると、拒否することはできない。そうして決断し、コメントを発表した。

〈大学卒業後、生きるために出会った職業でしたが、俳優養成所では「他の人の邪魔になるから見学していてください」といわれる落ちこぼれでした。それでも「辛抱ばい」という母からの言葉を胸に、国内外の多くの監督から刺激を受け、それぞれの役の人物の生きざまを通して社会を知り世界を見ました。
映画は国境を越え言葉を越えて〝生きる悲しみ〟を希望や勇気に変えることができる力を秘めていることを知りました〉

二〇五本の映画で演じ続け、それぞれの役に人生の悲哀を感じとってきた俳優ならではのメッセージといえた。それは同時に、本人が生涯守りとおしてきた人間付き合いに対する情愛の表現のようにも感じる。

高倉健は文化勲章の授与から一年と一週間後、映画界の誰にも知られず、ひとり永久の旅路に就いた。

第七章　謎の養女——心に闇を抱えた男

親族も知らなかった存在

小田剛一、こう綴《つづ》る高倉健の本名は、いまや熱烈なファンならずとも、日本中の多くの人が知っている。ただし、その本当の読み方を知る友人や映画スタッフは意外に少ない。

普通に読めば「オダゴウイチ」だろう。実際、古くから高倉健と付き合いのある映画関係者や大学時代からの旧友たちもそう読み、ときには親しみを込め、剛の一字をとって「ゴウちゃん」と呼んだ。面倒だからか、当の本人もそれを否定しなかった。

だが、血のつながりのある近親者は、そうは呼ばない。

タケイチ——。

二〇一四年一一月一〇日、何の前触れもなく、高倉健は旅立った。生きる伝説と呼ばれた映画スターの死を看取《みと》った近親者は、一人しかない。養女の小田貴《おだたか》である。死後、突然あらわれた「最後の女性」だ。

彼女は、高倉がその死から一年半ほど前、ひとり娘として養子縁組をしたとされる。以来、高倉の戸籍上の姓である小田を名乗るようになる。

おかげで小田貴は莫大な遺産を相続した。生涯収入が一〇〇億円と伝えられる高倉健の遺産は、江利チエミとの結婚時に購入した土地を含めた八億円相当の不動産をはじめ、三〇億円の金融資産などと合わせると、しめて四〇億円を超えるともいわれる。それをすべて相続したのが彼女である。

遺産のなかには、高倉健の映画の出演契約や著作権を管理してきた「高倉プロモーション」の株式も含まれる。養女の貴は、高倉プロのただひとりの株主となり、高倉の後継の二代目社長におさまった。その養子縁組や遺産相続をめぐり、疑問の声が上がっている。

高倉の死から一年あまり経過したころ、私は親族から、養子縁組した際の入籍申請書類を見せてもらったことがある。当たりまえの話だが、そこには父娘それぞれの氏名や住所が記されていた。父となる小田剛一と養女の小田貴の二人の署名だ。また、そのすぐ下の欄には、養子縁組に当たって保証人になった人物二人のサインもある。

そうして入籍申請書類を手にとって見ながら、ふとおかしなことに気づいた。剛一のふりがな欄である。

そこに書かれていたのは「タケイチ」ではない。「ゴウイチ」なのだった。

「毎年、お盆近くになると、高倉健さん本人から、オダタケイチという本名で本家の墓供養を依頼する連絡があります」

そう話した小田家の菩提寺「正覚寺」住職の言葉を思い出し、親族に尋ねた。

「たしか、健さんの本名はタケイチですよね」

姪の一人が答えた。

「やっぱり気づきましたか。まさか本人が間違うことはなかでしょうからね」

それにしても、なぜ正式な入籍書類で、そんな「間違い」が起きたのか。九州の親族は一様に合点がいかず、奇異の思いを抱いてきたのである。

養女・小田貴は、十数年来、事実上の妻として高倉健と同居してきたという。だが生前、それを知っていた関係者は、ほとんどいない。取材の結果でも、生前に養女のことを知っていたのは、当の貴以外に二人ないし三人しか見当たらなかった。親族も知らなかった。彼女の存在が浮上したのは、あくまで高倉がこの世を去ってからのことである。

高倉健は、最後の女性と呼ばれる養女に、いったいどんな顔を見せてきたのだろうか。

伏せられた死の意味

「彼女については、伯父が亡くなるまで、私たちでさえ誰ひとりとしてまったく知りませんでした。それどころか、いま現在にいたるまで、一度も会ったことがないのです。こんなことが世に知られれば、スキャンダルになるかもしれないので、せめて一周忌を終えるまでは静かにしていようと我慢してきました。しかし、やはりはっきりさせなければならないことがある。だから、こうやって話すことにしました」

一周忌を済ませ、二〇一六年になると、高倉の実妹・森敏子の長男・健がそう打ち明けてくれた。奇《く》しくも高倉と同じ文字の名だが、ケンではなく、タケシと読む。偉大な映画スターの影響だろうか、実兄・昭二の長男も、高倉の本名・剛一の一文字をとり、剛生、こちらはタケオと読む。東京在住の森健が言葉を絞り出した。

「実は、私たちは、伯父が亡くなったことすら知らされなかったのです。亡くなった二日後でしたか、あるマスコミの方から『伯父さんお元気ですか』と、意味ありげな問い合わせがありました。それで、そういえば最近、伯父から連絡がないな、と気になり、本人の携帯や事務所（高倉プロ）に電話してみました。でも電話には誰も出ない。そして、ようやく高倉プロの（元）専務の携帯に電話がつながりました。すると『いま火葬場だ』というではないですか。驚きました」

いきなり火葬の話を聞かされた甥たちが戸惑うのは無理もない。健がこう続けた。

「その時点では、通夜やお寺の手配をいったい誰が仕切っているのか、もちろん知りません。それも心配だったので（元）専務に聞いたら、『いや、実は養女がいてね、彼女が取り仕切っている。私もすべてを外されてしまって、詳細がわからない』というではないですか。そのときです、初めて彼女の存在を知ったのは……」

一周忌を待って話し始めた甥の健は、親族一同の悔しさをこう代弁した。

「それで、親戚中みなが愕然《がくぜん》としたのです。おまけに彼女は、伯父の死後、われわれと直接話すことすら拒否してきました。代理人を通してほしいと、弁護士の連絡先を伝えられましてね。だから彼女とは、今にいたるまで会えないでいるのです」

東京・渋谷区の代々幡《よよはた》斎場で高倉健の密葬が執《と》りおこなわれたのは、死の二日後の二〇一四年一一月一二日だった。しかしそのとき、実妹の敏子をはじめ、東京や九州に住む六人の甥や姪たちは、誰ひとりとして知らせを受けていない。結果、血のつながった親族が屍《しかばね》に手を合わせることもなく、遺体が荼毘《だび》に付されたのである。

理髪師や愛車の整備をするメカニック、俳優の小林稔侍など、寝食をともにし、高倉の身のまわりの世話をしてきた通称「チーム高倉」のメンバーも、そこにはいなかった。彼らも参列を許されなかった。それどころか、死に気づいてすらいない。親族も知らない、あまりに異様な野辺送《のべおく》りというほかない。

そんな奇怪な密葬を取り仕切った小田貴とはいったい何者なのか——。

親族たちの養女に対する不信感が一挙に膨らんだのは、無理もなかった。なぜ親族に黙って密葬を執りおこなったのか。その一点についてさえ、養女からはもちろん、元高倉プロ専務の日高康からも納得できる説明がない。以来、養女に対する親族たちの不信は払拭《ふっしょく》されるどころか、親族と養女のあいだにできた大きく深い溝は、今もって埋められていないのである。

そこで、まずは密葬の件について、高倉プロの専務だった日高に聞いてみた。これまで書いてきたとおり日高は高倉の従弟である。親戚のなかで唯一、日高だけが以前から彼女の存在を知っていた人物だ。日高はしぶしぶこう告白する。

「高倉が病院で亡くなったあと、貴さんが東映や東宝の社長を呼びたいという。私は反対したのですけど、どうしても映画界の人たちを呼びたいというので、五人だけに火葬をお知らせしました。ただ、その方たちと彼女は初対面でもあり、はじめ私はその方々と、養女の存在を一年ぐらい伏せておこうと話をしていたのです」

密葬では長年、高倉を支えてきたその日高でさえ、映画関係者たちを火葬場で出迎えたのち、葬儀の場から外されてしまう。火葬に立ち会えず終《じま》いだ。日高もまたこれ以降、養女と決裂し、弁護士を通さないと養女と連絡できなくなる。日高がいった。

「そうしておいて、亡くなった日から八日後の一一月一八日、高倉プロとして高倉の死亡を発表しました。ところが間もなく、当の彼女が『週刊文春』のインタビューで、自分自身の存在を明かしてしまったのです」

養女の存在が世間一般に知れ渡ったのは、高倉が急逝した二〇一四年の師走《しわす》だ。本人が不帰の人となってから、およそひと月半後の一二月下旬に発売された「週刊文春」（新年一月一・八日特大号）によるインタビュー記事で、養女がみずからその存在を明かしたのである。もっともその間、マスコミのあいだでは、すでに彼女の存在が知られるようになっていた。その経緯もまた、妙といえば妙だ。

実は、「週刊文春」の養女インタビューには、前段がある。

亡くなる年の夏、「週刊文春」ではなく、同じ会社の月刊誌「文藝春秋」の編集部が、新年一月号（一二月一〇日発売）の戦後七〇周年企画として、著名人の寄稿を募った。そのなかで編集部が高倉健に寄稿の依頼をしたのだが、連絡をした高倉プロからはしばらく何の音沙汰もなかったという。秋には体調を崩して入院するのだから、それ自体は無理からぬところではあった。

ところが一一月下旬、一二月一〇日発売の新年号の締め切り間際《まぎわ》になって、月刊「文藝春秋」編集部へ、唐突に一通の封書が届いた。そのなかには、高倉健の原稿が同封されていたのである。すでにこのとき高倉は息絶えていた。

もっとも編集部としては願ったり叶《かな》ったりだ。当然、高倉健の手記として「文藝春秋」新年号に掲載した。それが高倉の最後の手記となる。同じ会社の発行する「週刊文春」で養女インタビューがおこなわれたのは、その間のことなのである。そこで養女は高倉の手記について、みずから口述筆記したものだと説明してる。が、手記はワープロ打ちであり、どのように作成されたのか、関係者たちは首をひねってる。

さらに明くる二〇一五年二月には、追悼《ついとう》ムック『高倉健』（文藝春秋刊）が緊急出版され、そこに先の「文藝春秋」の遺稿が再録される。ムック『高倉健』の巻頭に、小田貴の実名で、養女として改めて手記を寄せた。

「せめて一年間ぐらいは養女の存在を伏せておきたかった。それができなかったのは、彼女のせいなんです」

高倉プロの専務だった日高は、そう悔やんだ。そこには彼なりの計算も働いたのだろう。それは後述する。

日高にとっては、図らずも彼女自身の売り込みによって、養女の存在が世間にばれてしまった。異様な密葬に加え、養女がみずからの存在を明かした一連の経緯からは、利害関係の微妙な綾が見え隠れするのである。

手紙にこめた大部屋女優の願い

高倉健の一周忌を終えた二〇一五年一二月、ある案内状が、新聞社をはじめマスコミの関係各所へ届いた。差出人は〈高倉プロモーション代表取締役　小田貴〉となっている。

〈この度は、来年十一月より始まる高倉の巡回追悼展開催のお知らせをさせて戴きます。東京駅、東京ステーションギャラリーからスタートし、全国の美術館を巡回予定です。

俳優の追悼展が美術館で開かれるのは日本初、パイオニア精神の強かった高倉に相応《ふさわ》しいものとなるよう、これから専門チームと準備を進めて参ります〉

養女の小田貴はムック『高倉健』へみずから手記を寄せて以降、しばらく人前に出ることを避けてきた。その彼女が、一周忌を境に、高倉プロモーションの社長として盛んに高倉健のイベントを仕掛けるようになる。その一つが〈高倉の巡回追悼展〉だ。少なくとも親族たちにはそう映った。

実際、貴はこの案内状を送った少し前から、映画のロケ地となった所縁《ゆかり》の地を訪ね、遺品の刀剣を長野県坂城町《さかきまち》に寄贈するなど、表に立って動き始めていた。文字通り彼女の企画したそのイベントが、東京ステーションギャラリーを皮切りにした全国の美術館を巡る高倉健の特別追悼展覧会だ。あくまで主催者は「毎日新聞」だが、貴は高倉プロの後継社長として追悼展覧会を提案し、「特別協力」という立場でイベントを進めてきた。

もっとも、いざ追悼展が始まると、東京ステーションギャラリーに彼女の姿はなかった。「仮に展覧会に彼女が現れると、親族とトラブルになる」あるいは「養女としてスキャンダラスに取り上げられる」と主催者側が恐れ、遠慮させたのではないか。彼女が姿を現さなかった理由について、イベントの関係者はそう推測していたが、あながち的外《まとはず》れではないだろう。

レオタード姿の貴倉良子

案内状にあるように、みずから提案し、進めてきたはずの追悼展の表舞台にも立てない。それは、当人の不自然な行動や疑問が多すぎるからにほかならない。小田貴は高倉健といつどのようにして出会い、どんな関係を築いてきたのか。それすら、ずっと秘されてきたのである。

養女は旧姓を河野《こうの》といった。貴倉良子《たかくらりようこ》という芸名で、女優やテレビ・レポーターとして活動していた時期もある。いわゆる大部屋女優だ。奇《く》しくも高倉と同じ読み方の芸名だが、ひょっとすると昔からのファンだったのだろうか。彼女はその後、ホテル・ジャーナリストに転身した。

「貴ちゃんは綺麗で、頭のよい子でした。千代田女学園（千代田区四番町の私立の中学高校）にいる頃、新体操の校内大会で優勝し、それが縁で女優にスカウトされたんじゃなかったかな。『水戸黄門』（TBS）やNHKの番組にも出ていました。ホテルの番組にも出ていましたよ。帝国ホテルの方に応援してもらい、講演で全国をまわったり、海外にもしょっちゅう行っていました。最後にテレビで観たのは、『いい旅・夢気分』（テレビ東京）だったかな。三年前（二〇一三年）頃からぱったりそういうことがなくなり、一昨年（二〇一四年）には、『今後、手紙はこっちに送って下さい』という住所変更の連絡がありました。それが世田谷区の瀬田だったと思います」

貴の親族の一人がそう話した。貴はゴム製品関連の会社のサラリーマンだった父親と美容師の母とのあいだに生まれた。両親が離婚し、彼女は母方について、母親といっしょに暮らしてきた。本人も一度、父が世界保健機関（WHO）幹部職員だった日仏ハーフの男性と結婚した経験がある。

高倉健との交際や生活ぶりの詳細はおくとして、知り合ったのが一九九〇年代後半なのはたしかだ。ただし、そのほかは不確定要素が多い。

たとえば高倉に彼女を引き合わせた人物についてもそうだ。北海道と東京駅前に有名寿司店を経営する店主、あるいは高倉の行きつけだった六本木の寿司店などの名前が囁《ささや》かれたが、取材するとそれも当人たちがことごとく否定し、実態は判然としない。

先の「バーバーショップ佐藤」の店主や愛車を管理してきた自動車のエンジニアなど、高倉健と常に行動をともにしていた「チーム高倉」のメンバーまでも、二人の出会いを知らないという。

そんな高倉サイドの関係者で唯一、古くから彼女の存在を知っていたのが、高倉プロの専務だった日高である。日頃は九州に住んでいるが、高倉の従弟なので信頼され、映画関係の窓口を務めてきた。一九九七年五月には、高倉健本人が彼女を日高に紹介している。おそらく二人の出会いはその少し前だろう。

貴が一九九七年五月一九日付で日高に宛てた手紙の写しが手元にある。銀座鳩居《きゅうきょ》堂《どう》の便箋《びんせん》に、女性らしい柔らかで達筆な文字が綴られていた。文面から推察すると、日高が貴を知ったのは、手紙の少し前だ。

「高倉の最も信頼する日高と出会えて光栄だ」という内容のことが記されている。ある種の面談のお礼と挨拶のようなものである。

ただ文面からは、この時点では高倉とさほど親しいとは思えない。高倉のことを〈小田さん〉と呼び、「高倉と知り合ったことの重大さを承知している」とか、「今後、慎重に行動をしなければならない」などと意味深長なことを書いている。

「この先、高倉のよき理解者、パートナーになるために努力します」

そんな趣旨の手紙である。恋人に立候補したのでバックアップ願いたい、という意味合いのようにも受け取れる。

戸籍書類の〝間違い〟

書簡の差し出し住所が世田谷区弦巻《つるまき》のマンションになっている。またその内容から、少なくとも一九九七年五月の時点で、二人が同棲《どうせい》していたとは思えない。出会いからここまでの出来事について、高倉プロ元専務の日高の説明はあまり要領をえない。

「高倉から紹介されたのはたしかですけど、どうして出会ったとか、誰から紹介されたとか、それは聞かされていません。そんなことをいう男ではありませんからね、高倉は。貴さんはホテル・ジャーナリストという話で、私は元女優ということも知らんかった。それよか、高倉自身も元女優とは思うとらんかったんやなかろか。相手が女優と知っとったら、高倉は警戒して付き合わんけんね」

初対面のこのときの貴は、おそらく実母と二人暮らしをしていたのではないか。ここからさらに何通か日高宛に手紙を書いている。だが、それらはいずれも瀬田が差し出し住所にはなっていない。高倉と同居してきたという貴はいったい、いつからそうなったのか。

瀬田の家の近所では、もとより高倉本人の目撃談はあるが、彼女を見かけたという隣人は見つけられなかった。残念ながら、日高の説明や手紙の差し出し住所からは、いつから同棲を始めたのかは不明というしかない。

ちなみに悪性リンパ腫が発覚して入院してから亡くなるまでの半年間だけは、瀬田の住所から日高宛に報告する手紙が何通も届いている。そこは確実だ。

それに貴が彼女の親族のところへ出した「住所変更の連絡」の時期をつき合わせると、実のところ、瀬田の家に彼女が住み始めたのは、二〇一三年前後ではないだろうか。折しも養子縁組もそのあたりである。そしてほどなく、高倉は体調を崩していった。

二〇一三年五月、高倉プロの専務だった日高と彼女自身の実母が保証人となり、小田貴は養女として、正式に小田家に入籍した。そこから高倉が亡くなる二〇一四年一一月まで、わずか一年半しかない。

「彼女のことは、高倉プロの事務員の方も、知らなかったそうです。住み込みの年配家政婦さんがいるという話を聞いていたらしい。なので、事務員の方はてっきり、おばあちゃんの家政婦さんだと勘違いしていたらしいです」

北九州に住む姪の一人は、高倉プロの関係者と親しく、こう話した。高倉プロで長いこと事務員として働いてきた新谷《しんや》洋子《ようこ》（仮名）は秘書のような役割も担ってきた。その彼女が養女と初めて会ったのは、高倉が亡くなる二〇一四年のことだったという。

「この年が明けておいちゃんの体調が悪くなり、春先に一度目に入院したときに新谷さんが初めて会ったとか。『あら、こんなに若い人だったの』と驚いたそうです。それもあるので、いつからどう伯父に近づいたのか、といまだ不思議で仕方ありません。女優時代の芸名が『貴倉良子』ですから、ひょっとするとその頃から？　などと疑心暗鬼になってしまっています」

親族は、かように謎が多い彼女を不思議に感じ、さらにいえば不快な思いをしている。おまけに養子縁組したときの入籍書類の小田剛一のふりがな問題もある。親族のなかで高倉健と小田貴の関係を知っていたのが専務の日高しか見当たらないだけに、実妹の森敏子たちは不信の目を日高にも向ける。

「兄の死後、養女がいると初めて知らされて驚きましたし、（入籍の際の）保証人には、もっとたまげました。そのミミズのような保証人の走り書きのサインを見てビックリ。『こげな大事な話を、なんで私らに知らせんかったとね』て日高を問い詰めましたら、彼は『タケちゃんから保証人になってくれていわれただけやけん』ていうとです。『俺は女房にも（養女のことを）いうとらんばい』てうまいことはぐらかしてから、私もあんまり言い返せんかったけん、悔しか。しかも『日高は何も書かれてない白紙の申請用紙に、そのままサインした』ていうんです。それで通るんですかね」

繰り返すまでもなく、タケちゃんとは剛一の愛称であり、親戚はずっとそう呼んできた。元専務の日高は、養子縁組の保証人になった件について、あくまで単純に頼まれたからだと弁明する。が、普通こうした書類の保証人は、当事者が様式を整えたあとに署名するものではないだろうか。白紙にサインしただけということがありうるだろうか。高倉健の姪もこう訝《いぶか》る。

「伯父の性格からして、世話になった人にお金を残そうとしたのはわかります。でも、なぜ籍まで入れたとやろか。それにタケイチをゴウイチと間違えているのもおかしい。書類には伯父が直筆で小田剛一と署名したように見えるサインもある。それを先方（貴）に聞くと、そこだけは伯父が書いたのだという。住所などとともに、ふりがな付きで当人の姓名を書いている欄は、それとは別に彼女が書いたというのです。なぜ、わざわざ彼女に住所や氏名だけを書かせたのか、それも不思議でしょう」

まさか実の妹たちにも知らせず、いつの間にか本人が本名を改称したのだろうか。それとも、養女なのに読み方を知らなかったのだろうか。さらには、それらを高倉本人がうっかり見過ごしたのだろうか……。

最後の手記は誰が書いたのか

養子縁組を済ませたおよそ半年後、二〇一四年になると、高倉健は身体の不調を訴えるようになる。ちなみに、高倉は以前前立腺がんの手術を受けたという説もあったが、実は日高や新谷をはじめあれほど頻繁に連絡を取り合ってきた親族たちでさえ、そんな話は聞いていないという。ひょっとすると、エイズと同じくデマかもしれない。近親者によれば、高倉はずっと健康だと信じてきたそうだ。

そんな高倉の身体を悪性リンパ腫が蝕んでいると判明したのは、二〇一四年四月のことだ。体調を崩した高倉が慶応病院に検査入院し、そこで病名が明らかになったのである。高倉プロ元専務の日高は、事務員の新谷たちから、入院したときの状況を詳しく聞いている。

「それが一度目の入院ですたい。そんときには、新谷といっしょに高倉と親しい映画プロデューサーが養女を慶応病院に送迎し、三人で高倉の身の回りの世話をしてきたと聞いています。一度目に入院したこんときは、まだ養女が仕事のことに口出しせんかったけん、新谷たちは病室で本人と仕事の打ち合わせができた、いうていました。しかし、そのあとからなぜか養女が仕事に口を挟むようになったらしか。それで新谷たちは次第に遠ざけられたみたいです」

病院側は高齢の高倉に対してすぐに外科的な治療をせず、しばらく様子を見ながら治療法を探すようにした。おかげで高倉はいったん退院し、仕事を再開させた。体調のすぐれないなか、「健康家族」の「伝統にんにく卵黄《らんおう》」のCMのロケ撮影に臨んだ。これが最後のCM出演となるのだが、この仕事を養女が取り仕切ったという。

そして高倉は、最初の入院から半年あまりのちの一一月一日、悪性リンパ腫の転移状況など、病気の経過を観察するため、慶応病院に再入院した。二度目の入院期間中、元専務の日高はずっと九州にいて、本人や新谷と連絡をとり合っていた。だが最初の入院のときとは状況が一変したという。養女の貴ひとりが慶応病院の特別室でずっと付き添い、新谷は部屋に立ち入れなくなってしまったというのである。元専務の日高は、そこに疑問を差し挟む。

「もともと一一月のときも、私は新谷たちから検査入院だと聞かされていました。本人もすぐに退院するつもりだったのです。それでいて二度目の入院のときは、誰も病室に入れなかった。新谷が高倉に仕事の書類を届けようとしても、部屋の前でシャット・アウトされてしまったらしい。それで困った新谷が、私んところへ電話をかけてきました」

それが一一月六日のことだという。前述したように、この二度目の入院期間中、高倉は月刊「文藝春秋」の戦後七〇周年企画の依頼原稿を仕上げている。養女へのインタビューによれば、口述筆記でその遺稿が完成したのは「本人が息を引き取る四日前の一一月六日だ」と書かれている。

「文藝春秋」の話が進行しているとはつゆほども知らない日高は、同じ日、新谷の電話で高倉の体調が不安になり、本人の携帯に電話を入れた。だが、電話口に出ないので、留守電に吹き込んだ。するとこの日の夜一一時過ぎ、当人から折り返しの電話があった。日高が重ねていう。

「私の携帯には『やっちゃん（日高康の愛称）、心配せんでええよ、順調やけん、もうすぐ退院できるけん』と伝言が残っていました。そのため細かい打ち合わせはあとにすればいい、と安心していたのです。病状が悪化している様子も感じられなかったし、仮に死を覚悟していたら、もうすぐ退院できるなどとはいわないでしょう」

留守電の声は普段どおりの元気な高倉健だったというが、むろん日高は「文藝春秋」の話などは聞いていない。先に記したように、この電話のやりとりは、奇しくも口述筆記による遺稿が完成したのと同じ日だ。日高はこうも指摘した。

「『文藝春秋』の手記の件は、亡くなる年の八月、編集部から高倉プロに『戦後七〇周年企画』として依頼されたものですが、実は本人はそんな柄《がら》じゃないと放っておいたはずです。それなのに亡くなったあと、あんな形で突然、出たから、たまげました。あの手記は、養女が高倉プロの事務員に原稿入りの封筒を渡し、文春に送るよう指示したらしい」

高倉の最後の手記に当人のサインはあったようだ。が、とどのつまり、それがどこでどう作成されたのか、それを知っているのもまた、養女だけなのである。

空白の三日間

手記の完成から四日後の一一月一〇日未明の午前三時四九分、容体が急変した高倉は、あっさりと息を引き取った。事務員兼秘書の新谷が訃報《ふほう》の電話を受けたのは、それから一一時間近く経過した午後二時半だ。北九州の姪は、このあたりの事情にも詳しい。

「あまりにも時間がかかったので、新谷さんが不思議に思い、『なぜ、すぐに知らせてくれなかったのですか』と、養女に尋ねたそうです。そしたら、『何かあればいちばんに弁護士に相談するように、(高倉に) 指示されていたからよ』と言い訳していたそうです。そうして伯父が昏睡《こんすい》状態に陥ったとき、養女が鎌倉に住んでいる弁護士に連絡をとったみたい。養女は『(弁護士が) 病院にたどり着くまでに時間がかかったので、知らせなかったのよ』と説明していたみたいです」

なぜか貴は高倉プロの専務だった日高にも、高倉が息を引き取ったことをすぐに知らせていない。日高には新谷から「急逝」の一報があり、夕方になって慌てて九州から東京の慶応病院に駆けつけた。そこで慶応病院の主治医に状況を尋ねると、「悪性リンパ腫が肺に転移し、呼吸ができなくなって、あっという間に逝《い》ってしまった」と説明を受けたという。

死後一週間以上も伏せられ、日本中が驚いた高倉健の急逝は、図らずも二度目の検査入院をした一一月一日から一〇日目のことだが、入院した事実すら知らされていなかった親族たちが、それを知る由《よし》もなかった。

高倉健が急逝した一一月一〇日から一二日まで、実妹や甥や姪たち、本人の近しい親族たちには、何が起こっているかさっぱりわからない、いわば空白の三日間が存在するのである。関係者の証言をもとに、そこをいま一度振り返ってみる。

まず貴は一〇日の高倉の死後、弁護士の到着を待ち、弁護士から葬儀社を紹介してもらい、病院に呼んで遺体をどうするか、協議したようだ。この間、事務員の新谷から連絡を受けた日高が上京し、夜になって慶応病院に到着する。九州に住む実妹の敏子や姪たちは、あとからこのときの様子を知ったと話す。

「新谷さんは、てっきり日高が九州の親戚といっしょに上京してくるものだと思っていたらしいので、それもびっくりしたそうです。この時点で私たちはまったく知りませんでしたけどね。日高が到着したときには、すでに葬儀の段取りがまとまっていたみたいです。ただ、棺桶《かんおけ》をどうするか、という話で揉めたみたい。彼女（養女）が『いちばん質素なものでいい』といったらしく、さすがに日高が桐の上等なものにさせた、ていいよんなった」

そこから高倉プロ元専務の日高と事務員の新谷、そして養女の貴の三人で、葬儀屋といっしょに亡骸《なきがら》を慶応病院から世田谷区瀬田の自宅に運んだ。すでに病院にいるあいだに、一二日の密葬とその野辺送りをする参列者を決めたという。

密葬に呼ぶのは、東宝社長の島谷能成《しまたによししげ》、東映会長の岡田裕介、元警察庁長官の田中《たなか》節夫《せつお》、読売新聞最高顧問の老川祥一《おいかわしょういち》、映画監督の降旗康男《ふるはたやすお》の五人だけ、それ以外にはいっさい知らせない——。

それを決めたのが、ほかならぬ養女の小田貴だった、と元専務の日高は明かした。亡骸を自宅に運んだ貴と日高、新谷たちは、その晩、三人だけの通夜をおこなった。あくる一一日は貴がひとり自宅で遺体と過ごし、三人は一二日に遺体を荼毘《だび》に付すため、渋谷区の代々幡斎場で落ち合うことにしたという。

そして空白の三日目、高倉プロで経理事務と秘書の二役をこなしてきた新谷は、養女の貴を火葬場に連れていくため、世田谷区瀬田の自宅に迎えに行った。そのときの模様を高倉健の姪は、関係者からこう聞いている。

「朝八時頃、彼女（養女）から新谷さん宛に『朝ごはんを買って、早めに来てちょうだい』とメールが入ったそうです。サンドウィッチを買って家に着くと、すでに養女が喪服《もふく》を着ている。派手なレース付きのチュールの帽子までかぶっていて、『これ

（帽子を）買っておいたのだけど、どうかしらね』と浮かれていたそうです。泊まり込みの看病で寝る暇もなかったとさんざんぼやいていたのに、いつの間にこんな派手な喪服を用意していたのかしら、と新谷さんは内心あきれたそうですが、『せっかく買ったのだからかぶりましょう』ていうと、その気になったみたい」

貴にしてみたら、東宝や東映の社長・会長をはじめ名だたる密葬の参列者に対する勝負服のつもりだったのかもしれない。瀬田の家には、そのあと専務の日高が貴を迎えに来る段取りになっており、新谷は貴といっしょに到着を待った。

ところが、そこへ思いがけないハプニングが起きる。甥の森健をはじめとする親族からの電話だ。九州に住む実妹の森敏子も、このときの記憶が鮮明に残っている。

「私は目を悪うしていましてね、たまたまその一二日は白内障で両目の手術をするために病院にいました。そこへ東京にいる息子（高倉の甥の健）から『伯父貴の様子が変なので、日高さんに連絡してくれ』と連絡があったとです。それでやっと日高をつかまえてから、『お兄さんに何かあったんじゃない？』て問い詰めたとです。そしたら、『敏子ちゃん、それ誰から聞いたとか？　実はタケちゃんが一昨日亡くなった』ていうやなかかね。私の手術と火葬の時間が同じいうじゃないですか。頭に血がのぼってね、『とにかく東京の息子に火葬場に行かせるけん、アンタ健に連絡せんね』ていうたけど、それきりでした」

敏子の白内障の手術には、たまたま前出した姪が付き添っていた。姪がいった。

「そうして私たちで手分けして叔母や従弟、チーム高倉の人たちにも連絡し、会社（高倉プロ）や日高に電話をかけていったんです。会社への電話は新谷さんの携帯電話に転送されていたけど、つながらなかった。でも、私はたまたま新谷さんの携帯番号を知っていたので、直接かけたんです。あとから聞くと、それで彼女（養女）に私たちのことが伝わったみたい」

「日高がバラしたんだわ」

親族たちが関係各所に電話をかけまくっていた時間帯は、折悪しく、新谷が瀬田の家で貴といっしょに日高を待っているときだった。姪が当時の模様を再現してくれた。

「何度も新谷さんの電話が鳴るので、養女が不審に感じたのでしょう。新谷さんは『いったい誰からなのよ？』といわれ、彼女に携帯を取り上げられてしまったそうなのです。ほかの着信履歴は会社からの転送ですから電話の主がわからないけど、私は直ですから、表示に私の名前が出ていたみたい。それで彼女が気づいた。『日高がバラしたんだわ』って焦《あせ》りだしたそうです。『せっかく、ここまできたのにぃ、もうバレたわ、バレたわ、どうしよう』とつぶやきながら、部屋のなかを熊のようにグルグル回り始めたといいます。そばで見ている新谷さんも怖くなるほど異常な行動だったみたい」

異様な態度に怖気《おじけ》づき、新谷はいつでも逃げられるよう、勝手口のドアに後ずさりした。そのとき、新谷の携帯電話に元専務の日高から連絡が入った。姪が続ける。

「日高が『いま（二子玉川）駅に着いたけん、これから迎えに行くね』というので、新谷さんが『来ちゃダメ』って機転を利かせて止めたみたい。それで日高には、そのまま火葬場に向かってもらったそうです。養女は『（日高に）裏切られた』と怒りまくっていたみたい。火葬場で映画会社の人たちを出迎えている日高の姿を見て、『もう彼とは会わない。ここ（火葬場）から出さないと、私はなかに入らないから』と言い出した。新谷さんは『専務を火葬場から追い出したら、親戚が誰もいなくなる』と反対したそうですが、彼女は弁護士に頼んで専務を締め出したのです」

高倉プロの専務として事務所を支えてきた親戚まで締め出した理由は、そういうことのようだ。日高がこのあとの経緯を打ち明けた。

「私が火葬場で待っていると、貴の代理人弁護士が駆け寄ってきてね、『貴さんがあなたとは話したくないので、会わないといっています。だから、どうか火葬の立ち会いをご遠慮してもらえませんか』というではなかですか。火葬場で揉めるわけにもいかんでしょ。映画会社の社長や監督たちは彼女の顔も知らない。だから、彼らを待合室に案内し、私はその場を離れたんです」

繰り返しになるが、それ以来、日高も彼女と接触できないでいる。もっとも高倉プロの専務として、その後の対応はしなければならない。

「高倉プロといっても、タレントは高倉しかおらんし、あとは私と事務員の新谷がいるだけ。唯一のタレントが亡くなり、会社を存続させると、高倉の名前を利用して悪さをする人間が出てくるかもしれない。で、私は『高倉プロを解散したい』と、貴の代理人弁護士に話したとです。弁護士もはじめはそのほうがいいといっていました。ところが、いつまで経っても解散せんやなかですか」

高倉プロの株は生前の高倉健が一〇〇%所有し、養女の貴がそれをすべて相続した。日高は高倉プロの専務としての取締役任期が過ぎ、再任を認められなかった。有体《ありてい》にいえばクビである。もっとも、それもやむを得ないかもしれない。

これまでの事実を総合すれば、貴と日高は示し合わせ、高倉健の死を近親者に隠そうとしてきたように見える。図らずも、それが漏れてしまい、彼女は日高が寝返ったと逆恨《さかうら》みしたのだろう。もとより、親族に死を伝えないほうがおかしいのだが、そうは思わないところが不思議でもある。

高倉プロの元専務の日高は、映画関係者のことをよく知っているので、列席者の出迎えだけはしたが、骨を拾うことすら許されなかった。養女にとって弔問《ちょうもん》客は初対面の人ばかりである。だが、彼女はそんなことなど気にも留めない。密葬は貴の披露目の席と化した。姪がいった。

「日高がその場から離れると、彼女が火葬場に入って来て、『養女の小田貴でございます』と挨拶を始めたようです。日高は忙しい参列者に、『高倉の顔を見てくだされば、それだけで結構です』と、火葬を待たずに引き揚げてもらうよう挨拶していたらしい。けど、彼女は『お話がありますから待合室へどうぞ』と、皆さんを引き止めたそうです。まずは看病の話から始めた。それから伯父が大事にしていたリンを持ってきて、仏様の前で『鳴らしてください』と、順番にやらせたらしい。最初は降旗監督で、ショックでボーッとしながらチンと鳴らすと、『もっ

小田貴

と大きく』と注文をつけて、それも異様だったそうです」

こうして小田貴は親族を排除し、四〇億円とされる高倉健の全資産を相続した。だが、名優の死後、浮かび上がるあまりに不可解な出来事は、これだけでは済まなかった。高倉健の死後、貴に邪魔者扱いされてきた近親者たちは、さまざまな事実を知るにつけ、彼女に対する怒りを通り越し、薄気味が悪くなっていった。

CMの延長のための演技

養女の小田貴は、密葬を終えると、初七日を待たずに顧問弁護士の野村晋右《のむらくにあき》を伴い、慌《あわ》ただしく九州に向かった。真っ先に訪問したのが、鹿児島市に本社を構える食品会社「健康家族」である。

「藤裕己《とうひろみ》社長はいらっしゃいますか？　あるいは副社長は？」

事前の約束もなく、受付でそう尋ねた。その時点で彼女は、まだ株式の相続手続きを完了していないので、高倉プロモーションの社長でもなんでもない。が、まさか受付で高倉健の養女だと名乗るわけにもいかなかった。困ったのは、唐突に弁護士の訪問を受けた窓口の社員だ。

「あいにく社長も副社長も不在です。明後日ならおりますが、アポイントをお願いいたします」

そうして貴たちは二日後の面会予約を取り付け、会社をあとにした。

こうまで急いで鹿児島の会社を訪ねたのはなぜか。

会社のホームページによれば、健康家族側が高倉の死を知ったのは、高倉プロの公式発表より一日早い二〇一四年一一月一七日とされる。高倉プロの従業員から知らされたことになっているので、おそらくそれが貴たちだろう。彼女は、火葬から三日後の一五日、一度目に健康家族を訪れ、その二日後の一七日に、再び鹿児島へ向かった。そこで健康家族の社長たちに高倉健の死を伝えている。

前述したように、高倉健は悪性リンパ腫の無理を押し、八月に最後のＣＭ出演となる健康家族の主力商品「伝統にんにく卵黄」ＣＭの撮影を終えた。ことのほかその仕事に熱心だったのが貴だったようだ。姪が言葉を継ぐ。

「火葬の次の日かその次の日、養女が突然、健康家族にアポなしで行くと言い出したらしいのです。といっても、先方の社長の顔も知らないので、『それでは社長に会えないでしょう』と新谷さんが止めたそうです。案の定、その通りになり、仕切り直しすることになったのですが、最初に同行していたのが顧問の野村弁護士でした。野村弁護士は新谷さんに、『次は僕が行けないので、高倉プロの名刺を持っている君がいっしょに行ってくれ』と二度目の訪問時の同行を指示したそうです。それで新谷さんが、『私より専務のほうがいいんじゃないですか』というと、弁護士は『専務では困る。専務という立場があると、彼女の存在が死んでしまうからね』と説き伏せられ、しぶしぶ二度目のときいっしょに健康家族へ行ったみたいです」

養女は、まだ高倉プロにおける肩書がなかったため、付き添いが必要だということなのだろう。本来なら、高倉健の従弟である高倉プロの専務がその役割を担うべきだが、日高は火葬を前に親族に高倉の死をばらしたとして、彼女から拒絶されている。そこで新谷に白羽の矢が立ち、養女は健康家族に乗り込んだわけだ。

「ところが養女は、会社に着いたら、すぐにトイレに閉じこもって、なかなか出てこなかったそうです。それで新谷さんが見に行ったら、パウダー・ルームで紙を読みながら、鏡に向かってブツブツ話しかけている。鏡で自分の表情を確かめながら、用意していたセリフを丸暗記し、面会したときの予行演習をしていたのです」

健康家族は社長の藤裕己、副社長の朋子《ともこ》夫人、夫人の実弟である専務が経営の舵を執る同族会社であり、貴たちは彼らと面談した。高倉健の姪がこう続けた。

「で、健康家族の人と会ったとたん、彼女の演技が始まったそうです。あそこは奥さんが実権を握っているらしく、彼女は奥さんに向かって泣くわ、笑うわ……、覚えたセリフを立て板に水のように喋り出したらしい。新谷さんは、さすが元女優だと感心するほかなかったといいます」

こうして健康家族の社長たちは、高倉健の死を、公式発表より一日前に知ったのだという。貴たちがそこに真っ先に駆けつけたのは、泉下の人となった高倉健のCM放映延長のためだったに違いない。くだんの伝統にんにく卵黄のCMは、二〇一四年三月中旬からテレビ放映されてきたが、契約期間を三年と定められていた。

契約に応じてケースは異なるが、通常、出演者が死亡すればCM契約は打ち切られる。タレントサイドはギャラを返還しなければならなくなるケースも少なくない。だが、健康家族は死亡発表の一一月一八日以降、「高倉健さんの所属事務所のご意向もあり、哀悼《あいとう》の意を込めて広告を続けております」と、異例のメッセージ付きでCMを継続させた。

高倉健のCM出演料については諸説あるが、一本あたり一億円はくだらないというのが定説になっている。養女の貴は社長に就くに当たり、ビジネスの継続を優先したに違いない。慌ただしく東京と九州を二往復したのも、そのためだろう。帰京後の一八日、高倉健の死亡を発表すると、彼女は全室個室の慶応病院新館病棟に入院し、そのあとはしばらくホテル住まいをするようになったという。

仲間割れ

そもそも仕事を選ぶことで有名な高倉健が、なぜ、にんにく卵黄のCM出演を引き受けたのか。過去、健康食品のCM出演自体がなく、違和感を覚えたファンも少なくないだろう。健康家族社長の藤も、ダメもとで手紙を書いたところ、本人から了解する返事が届いたと明かしている。

高倉健の四つ違いの実妹、森敏子も訝しがる。

「兄は健康オタクで、身体にいいから、て私や姪、甥たちに、ビタミン剤やプロポリス、カスピ海ヨーグルトなどを、しょっちゅう送ってくれました。でも、CMに出てたのに、にんにく卵黄だけは届きませんでした。北九州には、にんにく研究所を建てている従弟もいます。その人は私たちが子どものころ、戦地から引き揚げてきていっしょに住んでいた時期もあり、兄も『兵隊にいちゃん』と慕っていました。作家の平《ひら》野《の》啓《けい》一郎《いちろう》さんの親戚で、百寿を迎えてもお元気。にんにくガムを売り出し、『タケちゃん（本名・剛一の愛称）、コマーシャルをつくるき、出てくれんね』て頼んできたけど、兄は断った。なのに突然、にんにく卵黄ですから、『兵隊にいちゃんに悪かね』と親戚のあいだで話していたところでした」

高倉は健康食品のＣＭには、あまり乗り気ではなかったようだ。実は、このＣＭ契約に携わっているのが、高倉健の没後、養女の相談に乗ってきた顧問弁護士の野村である。急逝したとき、慶応病院に駆けつけた弁護士だ。どういう経緯か、高倉プロの元専務の日高康に聞いた。

「もともと高倉プロでは柳田《やなぎだ》（幸男《ゆきお》）弁護士に法律顧問を頼んでいて、野村弁護士はその事務所に所属していたのですが、そこを辞めてしばらく付き合いがなくなり、野村弁護士は私に泣き言をいっていました。だから高倉も不憫《ふびん》に思ったのでしょう。亡くなる少し前から仕事を回すようになったのです」

それが二〇一二年八月封切りの映画「あなたへ」の上映を控えたころだ。日高が専務として社長の高倉に推薦《すいせん》し、高倉プロが弁護士の野村に法律相談を依頼するようになったという。当の野村にも尋ねた。

「私が柳田事務所を出て三年くらいしてから、（高倉健が）『探していました』と、私のところへ訪ねて来ましてね。それで仕事として映画『あなたへ』の契約関係を引き受けた。仕事はそのあと『健康家族』のコマーシャル、もう一つあったと思います」

いわば高倉プロから依頼された数少ない法律相談の一つとして、野村が二〇一四年三月から放送された健康家族のＣＭ契約書づくりを担ったわけである。養女を連れて真っ先に健康家族へ高倉健の死を報告に行ったのは、かつて契約を担当した経緯があったからに違いない。

そして二〇一三年五月の小田貴の養子縁組もまた、このあたりの話だ。もっとも、こと養子縁組をめぐっては、関係者の言い分が真っ向から食い違う。

親族や関係者が誰も知らなかった小田貴との養子縁組や相続について野村に聞くと、高倉健から相談されたのだと、こう話した。

「亡くなられる二年くらい前、『財産を残したい人がいるんだ』とか何とかという話で、（貴を交え）三人で話をしました。養子の話だとか、遺言の話とかをしていたんです。財産に関する遺言書もたしかにあり、養子縁組についても専務さんが保証人になっている。（関係者の誰も知らなかったわけでなく）知っているということです」

野村に対する取材は二度おこなった。遺産相続や養子縁組について、最初は、高倉健と養女の貴を交え三者で話し合ったと言い切っていた。だが、改めて詳しく聞くと、そうではないと前言をひるがえした。

「高倉さんは養子縁組なんかの話をしたとき、『近いうちに挨拶に伺わせますから』といい、あとから連絡があって貴さんと会ったのです。ある意味、高倉健さんの指示があって、貴さんが会いに来ています。だから、（相続、葬儀、墓の件などを）貴さんが託されている。それは疑いがありません」

しかし養子縁組の際、みずから保証人になった元専務の日高は、正反対の話をする。

「たしかに健康家族の件は野村弁護士に任せました。しかし、高倉が養子縁組の件で野村弁護士に相談に乗ってもらったことはない。それは私と高倉だけの話です。私は高倉が養子縁組をしたいというから、反対だけれども仕方ないと思って、保証人になったわけだからね。それであとは、（高倉に）署名した書類を返して（世田谷）区役所に持っていっている。いつの時点で野村弁護士がそれを知ったかわからないけど、養女になるころまでは知らなかったはずです。だって、いう必要がないもの。遺産の問題にしても、本人は九〇歳まで元気で仕事をするつもりでいたから、遺書なんてない。考えていなかったはずだよ」

つまるところ、それぞれ案件や時期は異なるが、もともと高倉プロの元専務の日高と弁護士の野村、そして養女の貴の三者は、互いに協力し合ってきた、かつて蜜月《みつげつ》関係にあった仲間だといえる。だが、その関係が崩れた。その原因が唐突な高倉の死ではないか。結果として、養女、元専務、顧問弁護士のあいだに微妙な亀裂が生じ、言い分が食い違い、説明がつかなくなっている。そう思えてならない。

たとえば養女とその弁護士である野村は、高倉健の遺言が存在し、それに基づいて死後の対処をしていると言い張る。しかし、高倉プロ元専務の日高を含め、親族たちは遺言書を目にしたことすらない。

四〇億円といわれる遺産を相続した養女は、高倉健の急逝後、すぐに高倉プロを弁護士事務所に移し、相続手続きや親族との交渉を任せた。仮に遺産を四〇億円とし、弁護士に計算してもらったところ、相続税だけで一八億円を優に超えるが、ざっと二〇億円以上が残る計算になる。

あろうことか養女は、その高倉健の遺品を次々と処分し始めるのである。

家を壊した理由……

「これだけは知ってもらいたいんですけど、うちの甥とか姪とか、私たちのなかで遺産がほしいと思うとる人間は、誰もいません。高倉健はあれだけの人やから、遺産は東北の震災被災地に寄付する……そうやったらカッコいいよねっ、て私たちは生前、話しとったくらいですから」

実妹の森敏子はそういう。報じられてきた高倉健の遺産は、江利チエミと新婚生活をスタートさせた瀬田の不動産をはじめ、高級外車やクルーザー、刀剣など、数え切

更地にされた鎌倉霊園の墓

れないほどある。車好きで知られる高倉健は、ポルシェやベンツなど、多いときで一〇台以上の名車を所有し、大事にしてきた。小田貴はその愛車を売り払い、クルーザーを解体し、墓までも壊している。姪は、こういって臍《ほぞ》を嚙《か》む。

「鎌倉霊園とは別に、こちら（九州）にある小田家の墓には、伯父の大好きだったおばあちゃん（高倉の実母タカノ）も眠っています。だから、せめて伯父のお骨をどうするのか貴さんに尋ねると、『故人の遺言で散骨する』という。あの信心深い伯父がまさかそんな遺言をするとは思えませんが、それなら一部をこちらに分けてもらい、お母さん思いの伯父をいっしょに眠らせてあげたいと私たちは考え、そう申し出たのです。しかし彼女は、それを頑なに拒否した挙《あ》げ句《く》、『貸し出しなら許す』という。叔母（敏子）が亡くなったら返してほしい、と。そんな失礼な話があるでしょうか。だから、結局そのままです」

生誕地・中間市にある小田家の墓には、小田剛一の命日になると、毎年、親戚が集まり供養をしている。また、生前の高倉健が神奈川県の鎌倉霊園を購入し、江利チエミとのあいだの水子《みずこ》を供養してきたことは、何度も書いてきた。甥の森健も怒っている。

「死後、伯父のファンの方から『鎌倉霊園にお参りに行ってもいいですか』といわれます。でも、ありがたいけど何も（お骨は）ありません、というほかありませんでした。善光寺に三〇年間も参り続けてきた信心深い伯父が、散骨なんていう遺言をするでしょうか。おまけに彼女は、お墓も全部売るよう伯父が遺言しているというのです。なんでもかんでも遺言……。なので私たちは、『その遺言を明らかにしてください』と求め続けてきました。すると、あるときは文書があるといってみたり、口頭で聞いただけ、といってみたり。返答らしき返答がない」

鎌倉霊園の墓地に関しては、本人が「死んだら入る」と公言してきたが、そこも壊されてしまった。健は、こうもいった。

「彼女は伯父の好きだった女性だと思うのですが、普通ではありません。なぜ、私たち親戚をそこまで頑なに拒絶するのか。伯父が亡くなったあとすぐに、高倉プロを弁護士事務所のあるところへ移転してしまったり、あまりにも段取りがよすぎで、気味が悪い。私たちは何も遺産がどうこうという話をするつもりはないし、伯父はこういうゴタゴタを最も嫌っていた人です。ですが、なぜこんな異常なことになってしまっているのか、その理由だけでも知りたいのです」

かつて江利チエミと同居した家が全焼し、高倉健は一九八一年一〇月、敷地内に改めて母屋《おもや》を含む三軒を新築した。

「三軒は通りから並んで建っていて、おいちゃん（高倉健）は、通りに面したL字型の母屋で男性のマネージャーや家政婦さんと住んでいました。真ん中の二番目の棟は倉庫のように使っていて、三軒目は外人さんに貸していました。母屋はけっこう広く、入り口付近に家政婦さんの部屋やシャワー・ルームがあって、そこには、結婚されるまで男性マネージャーの方が住んでいたみたいです」

北九州に住む姪は、瀬田の家について、そう説明してくれた。高倉プロ元専務の日高によれば、いちばん奥の三軒目については、本人が亡くなる一年ほど前に賃借していた外国人が引っ越したため、空き家になっていたという。

養女の貴は、物置として使っていた二軒目を改装して住んでいたという説もあるが、残念ながら私は、その目撃者を見つけられなかった。おまけに養女はなぜか、外国人の住んでいた奥の一軒だけを残し、高倉健の匂いのする二軒の住まいを取り壊した——。

その高倉健の豪邸の解体工事が始まったのが、二〇一六年五月のことだ。七月末、そこを改めて訪ねると、新しい家の建築工事が始まったばかりだった。「建築基準法による確認済」と題した立て看板の建築主欄には「株式会社高倉プロモーション」とある。工期は「平成二十八年七月十七日から平成二十九年三月十四日まで」と書かれていた。三軒のうち外国人が間借りしていた一軒を除く二軒が、あとかたもなく消え去り、更地になっていた。

それからおよそ八ヵ月後の二〇一七年三月末、再びそこを訪ねると、真新しい豪邸が出現していた。美術館を思わせるようなドーム型の瀟洒《しょうしゃ》な屋根が印象的だ。いうまでもなく、建築主が小田貴である。

彼女は高倉健の急逝後、二ヵ月足らずの一二月二七日付で高倉プロの代表取締役に就任し、すぐさま赤坂の事務所を閉鎖した。古参の専務や事務員をクビにして、オフイスを顧問弁護士事務所に移し、高倉プロの社長としてさまざまなイベントを仕掛けてきたのは、これまで書いてきたとおりだ。

それだけでなく貴は、高倉健が生前購入していた鎌倉霊園の墓、そばにあった江利チエミとのあいだの水子の眠る墓まで、ことごとく破壊してきた。それは、まるで故人の生きてきた足跡や思い出やその匂いをすべて消し去ってしまいたいから、そうしているかのようにも映る。それは近親者にとって、痛恨の出来事であった。

高倉は末妹の森敏子や六人の甥や姪たちと、しょっちゅう連絡をとり合い、血のつながった郷里の親族をいたく気にかけてきた。そんな親族の絆《きずな》が断ち切られている、と甥の健が悔しがった。

「養女には、せめてお骨だけでも分けてもらえないか、と弁護士を通してお願いしました。ですが、それも断られてしまいました。だからいま現在、伯父の遺骨はどうなっているのか……」

高倉は仕事の合間を見つけ、九州にひょっこり遊びに訪ねてくることもあったとい い、北九州の姪はこう憤《いきどお》る。

「おいちゃんの大好きなおばあちゃんをうちで引き取っていたこともあり、伯父はいつも九州に住む私たちのことを心配してくれていました。『元気か』と仕事の合間によく電話をかけてくれ、母が亡くなったときも、葬式の一週間後にお忍びで家に訪ねてきて、線香を上げてくれました。伯父が亡くなる少し前の二〇一四年一〇月末には、父の法要があったのですが、そのときにもお花が届きました。そのあとに突然亡くなり、あんな形で養女が現れた。私たちは、何かキツネにつままれたような信じられない気持ちです。伯父は家政婦さんを探しているとは聞いていましたけど、まさか……」

高倉の骨は養女が金庫にしまってきたと伝えられてきた。散骨してしまったという報道もあるが、そこも定かではなかった。

遺産の総額

やや世話に砕《くだ》けた件になるかもしれないが、ここで念のため、高倉健の遺産について触れておく。巷《ちまた》でいわれてきたように、相続遺産が全体で四〇億円相当となれば、相続税だけでも一八億円ほど納めなければならない。仮に相続税対策として売り出すとしても、高倉健の住んでいた家はプレミアが付くから、取り壊さないほうが得策ではないか。何より相続税について、仮に故人が現預金や金融資産を残しているなら、その分から支払える。にもかかわらず、なぜ故人の遺産を壊したり、売ったりするのか。

まずは世田谷の自宅だ。実際に近所の不動産業者に価値を試算してもらうと、次のような答えが返ってきた。

「土地全体で見れば、エンド・ユーザー価格で坪当たり二六〇万円、二五八坪だから六億七〇八〇万円前後となります。土地が大き過ぎるので五筆くらいに分筆して売れば、坪当たり二七〇万～二八〇万円くらいにはなると思いますので、二八〇万円として、七億二二四〇万円くらいの価値でしょうか」

少なく見積もっても、この土地だけで七億円近い価値がありそうだ。親族や高倉プロの関係者によれば、家については三軒ともまだまだ立派に住める状態だったという。なぜ三回忌も待たず、建て替えるのか。やはり解せない。

むろん謎の行動はそれだけではない。これまで書いてきた愛車やクルーザーの処分もまた然《しか》りだ。

「あとから聞いたのですが、伯父が亡くなってすぐに、ベンツやポルシェをスクラップにしたと聞きました。なぜそこまでするのか、悲しくてたまりません」

一様にそう嘆く親族たちの思いも理解できる。愛車については売りに出したという説もあるが、いずれにせよ、ことを急ぎすぎている感が否《いな》めない。

車好きで知られた高倉健は、自宅の車庫に収まり切らないほど多くの外車を購入してきた。本人のお気に入りは、ポルシェとベンツだった。最も有名な愛車が、江利チエミとの新婚時代に購入した一九五八年型のポルシェ356カブリオレだろう。

チエミと結婚していた時代から付き合いのある外車輸入ディーラー「ミツワ」の元社員で、佐藤自動車工業所社長の佐藤正敏《さとうまさとし》に、愛車について説明してもらった。

「ピーク時の高倉さんは、全部で二〇台以上の車を持っていました。むろん何台かは自宅のガレージにあったけど、収まらないからパシフィック（旧ホテルパシフィック東京・現シナガワ グース）の地下駐車場に車を置いていてね。多すぎて、健さん自身も把握し切れないほどなので、一回は大量に処分しました。だから、けっこう減ったとは思うけど、一〇年ほど前でも車の数は一〇台じゃきかなかった」

ホテルパシフィックには高倉健が毎日通った理髪店「バーバーショップ佐藤」があったので、ホテル地下の駐車場が便利だったのだろう。地下駐車場にある洗車店の店主が高倉健と契約を結び、愛車の駐車スペースを確保していた。一〇台あった愛車のスペースは、さすがに亡くなる前に四台に減っていた、と親しい友人の一人が述懐した。

「洗車店の店主は、運動不足だという健さんといっしょに地下駐車場を歩き回ったりするほど親しい仲でした。健さんは車を大事にする人で、乗らないとバッテリーが上がってダメになるので、洗車店にキーを預けて週に一度エンジンをかけさせ、管理してもらっていました。歳をとってタクシーに車をぶつけたり、車庫入れも大変になっていましたが、それでも健さんはいつも車でパシフィックにやって来て、『お願い！』と洗車店の前に止めてキーを渡し、理髪店に向かっていました。来たときと違う車で帰るので、洗車店では健さんから指定された車を予《あらかじ》め出しておく。洗車場には他のお客さんもいるので、健さんに気が付くと声をかけることもあったけど、本人は気さくに会話していましたね」

愛車を管理していたホテルパシフィックの駐車場に、養女の貴が突然訪ねてきたのが、死後四ヵ月経った二〇一五年三月のことだという。

「車を管理してきた洗車店では、死後もしばらくは同じようにエンジンをかけ続けてきた。そこへ養女が唐突に現れ、『四台分の駐車スペースを解約したい』といってきたそうです。店主は健さんの家に『家政婦がいる』とは聞いていたらしいけど、それまで彼女とは一度も会ったことはなく、報道で養女だと初めて知ったらしい。会ったのは、それが最初で最後だったようで、あとから別の人が車を取りに来たという話でした。あれだけ車を大事にしていた人でしたから、その後、健さんの愛車がどうなったのか気になってはいるけど、車の関係者でさえ、その処理は誰も知りません」

最終的に高倉健が所有していた車は、ベンツとポルシェの五台だった。「AMG・C55」「AMG・S63」「AMG・SL63」という三台のメルセデスベンツ、ポルシェは「カイエンターボ」「996ターボ」の二台だ。自動車に詳しい友人によると、愛車の五台中、AMG・C55のみが二〇〇六年型で、残りは二〇一四年モデルだというから、さして走行距離はないだろう。その前提で、専門ディーラーに試算してもらったところ、五台の合計で四〇〇〇万円ほどの市場価格だという。

そこに高倉健の付加価値がどこまで付くか。いずれにせよ、オークションに出すわけでもなく、死後半年も経たないうちに処分してしまったのである。

加えて、クルーザーについても忘れてはいけない。その処理は、もっと妙だ。

高倉健は一九九三年、米「ティアラ」社製の「カサブロンコ」号を購入した。この年の二月から公開された米映画「ミスター・ベースボール」が縁で購入した最新鋭の高級クルーザーである。高倉は、それを横浜市の大黒埠頭《だいこくふとう》にあるマリーナで係留会社「ケーエムシーコーポレーション」に管理してもらってきた。

「たぶん五〇〇〇万〜六〇〇〇万円くらいの船だったと思います。健さんが『アメリカ（ロケ）に行ったとき、とてもきれいな船だったので衝動買いしてしまったんです』と話されていた素敵な船です。普段は陸に留置しておりまして、うちで取り扱っている最大級の船でした」

ケーエムシー社社長の熊澤《くまざわ》喜一郎《きいちろう》が懐かしそうに目を細めた。こう話す。

「うちにはひと月に一度くらいお見えになっていたと思います。高倉健さんは、桟橋《さんばし》のところに船を浮かべながら、船のなかで本を読んだり、そういう静かな空間を楽しんでおられましたね。ある時期からは、船舶免許までお取りになり、たまに外洋に出て行かれていました。そのときはこちらで必ずスタッフを付け、操船はうちのスタッフがしておりました。本を読んでおられるときは船内に誰も入れず、お付きの方はポルシェ・カイエンのなかで待たれていました」

高倉健にとって「カサブロンコ」は、洋上で揺られながらプライベート空間を楽しむ絶好の場所だった。だが、養女はそれも死後半年を経て処分した。しかも解体だ。

「健さんが最後に来られたのは亡くなる一～二年前でした。以前に比べると、いらっしゃる回数はずいぶん減っていたと聞いています。それでお亡くなりになったあと、弁護士さんから『ご遺族と高倉プロモーションの意向で解体してほしい』と連絡がありました。われわれは、『高倉健さんの船なので、もうしばらくお預かりして、メンテナンスさせていただけないでしょうか』と、電話でお話ししたのです。先方も検討はしたみたいですが、結論は廃棄してください、ということでした。それでやむなく、うちのマリーナで解体いたしました。すごくもったいないと思いましたが」

クルーザーはメンテナンスも行き届いていた。通常の感覚からすれば、何も壊す必要はないだろうと思うのだが、養女が頑なに解体にこだわったのだという。

まるで、みずからの手で、国民的映画スターの記憶をすべて消し去ろうとしているかのように映る養女の振る舞い。そこからは、高倉健に対する愛情を感じない。強いて推《お》し量《はか》れば、心の底で燃やし続ける瞋恚《しんい》の炎が、彼女を駆り立てているのではないか、とすら思える。その怒りは誰に向けられているのだろうか。

真相を知る中国人

高倉健の養女については、その養子縁組からして理解しがたい話が多い。そもそも高倉健とどのようにして出会ったのか。

その出会いについて取材を続けるうち、事情を知っているという関係者にも何人か出くわした。その一人は、二人の出会いについてこういった。

「貴さん自身は、イランのホテルで健さんと知り合ったと話しています。なんでもイランは、(一九七三年に東映が公開した) 映画『ゴルゴ13』のロケ地だったとかで、ホテル・ジャーナリスト時代、貴さんがロケ地のホテルのバーかどこかで、たまたま健さんと会ったと聞きました。それで意気投合し、帰国して間もなく、健さんが彼女の居場所を探して連絡してきたというのです。再会したあと、ロレックスの時計をプレゼントされたとか」

「ゴルゴ13」は、彼女が一〇歳に満たないころの映画だ。二人の出会いは、高倉健がそのロケ現場を再び訪ねたときだというから、ありえない話ではないが、まるで出来過ぎたラブ・ロマンスのようでもある。

そこで、一九九七年に貴の存在を知ったという数少ない関係者の一人、高倉プロ元専務の日高康に、改めてこの話をぶつけてみた。すると、呆《あき》れたように一笑に付した。

「そんな話、聞いたことがありません。高倉が（あとから）イランに行ったなんて知らないし、ありえないのでは」

ロケ地のホテルとなると、イランとも限らず、香港説もあったが、日高はそれも言下に否定した。二人の出会いについて、本人が周囲に語っている話を総合すると、次のような経緯のようだ。

「出会いは一九九七年、貴がホテル・ジャーナリストとして香港に宿泊していたと

「弱った姿を見られたくない……」

き、高倉健がたまたまいっしょのホテルに泊まっていたらしい。女優時代に貴倉良子という芸名を使っていたことなどから意気投合したとか。その後、貴が仕事でイランに行ったとき、『ゴルゴ13』で使ったイランのロケ地などを見てまわった。そのあと高倉本人から連絡があって再会し、イランの話などをしてますます盛り上がり、二人は愛し合うようになった。といっても男女の肉体関係はなかった」

もっとも、これらの話の出どころのほとんどはあくまで貴本人であり、高倉亡きあと、事実を語る者は他に誰もいない。

前述したように、死の翌二〇一五年二月に発売されたムック『高倉健』（文藝春秋）には、高倉の遺稿とともに小田貴の特別手記「高倉健というプライド」も掲載されている。そこでは知り合って〈およそ一八年間という歳月を過ごしました〉としているが、その長い歳月のあいだに経験した出来事の話はない。特別手記では、もっぱら入院期間の様子を書き留めているだけだ。

〈この闘病に当たっては、そのプライドを共に守り抜き、しっかりと病と向き合うこと。退院するまで、決して泣くまい悲しい顔を見せるまい、と決心しました〉

二〇一四年一一月一日、慶応病院に入院するときの模様については、こう描いている。

〈弱った姿を見られたくない。高倉のその思いで、救急車も呼べない究極の孤軍奮闘を余儀なくされることになりました。二階から地下階のガレージまで、私の肩に腕を回してもらい、何とか支えました。（中略）

その頃、病院の往復は、私の運転でした。いつも助手席のシートを倒そうとすると、「バカヤロー、大丈夫だよ」が、その日は、「ありがとう、楽だな」と言ってくれました。もしかしたら、今度の入院は長引くかもしれないと思いながらも、「必ず家に戻りましょうね」と声を掛けました〉

高倉プロ元専務の日高に宛てた手紙などとつき合わせると、二人が知り合って一八年というのは、間違いないだろう。手記にあるように、とりわけ最後の入院となる一〇日のあいだ、高倉は貴を頼り、貴がかいがいしく世話をした。それもたしかだろう。

だが、それはむろん、一八年の歳月のうちの一部でしかない。高倉は、最後の女性となった小田貴と、いったいどんな付き合い方をしていたのだろうか。

「二人は都内のレストランで知り合ったと聞いています。そこにたまたま彼女が働いていたような、そうでないような」

取材をしているあるとき、そんな話をするベテラン芸能記者に出会った。

「その出会いの様子を知っている人物が二人います。一人は高倉健のマッサージをしていた中国人で、いまは中華料理屋を経営しています。そしてもう一人が、その師匠格である中国飯店の社長です」

マッサージ師は、現在、恵比寿で茶源樓《さげんろう》という中華料理店を経営する杜展研《とてんけん》といった。もう一人の中国飯店チェーンの社長は、徐富造《じょふぞう》である。

高倉健は徐と四〇年来の交友があり、中国飯店には長年通ってきた。その中華チェーンのなかでも富麗華《ふれいか》は高級店で、高倉はそこを利用してきた。地下からエレベーターで直接入れる人目につかない個室がある。ジャニーズ事務所の有名タレントなども利用し、ときおり店名も紹介される。

先の芸能記者によれば、その中国飯店には高倉が寝泊まりする専用の部屋があったとまでいう。そこに彼女がいっしょにいた時期があるという話まである。それらを確かめるべく、二人の中国人に会った。

終　章　瀬田の墓と鎌倉の墓

口を閉ざす関係者たち

高倉健のマッサージをしてきた杜展研と会ったのは、二〇一七年二月のことだ。JR山手線の恵比寿駅で待ち合わせ、駅ビル「アトレ」のなかにある喫茶パーラーで話をした。

杜は五〇歳ぐらいだろうか、日本で暮らし始めて二〇年以上、今では結婚して子ども一人いる。ただ日本語のアクセントには少し難があった。生前の高倉とは一八年来の付き合いだという。

「私、むかし神宮外苑下《じんぐうがいえんした》にあるスポーツ・クラブのマッサージ・コーナーで働いていましてね。入会金三〇〇万円もするところで、自民党の偉い国会議員の先生や大会社の社長さんなんかも来ていました。（クラブへの一時間の入館料が）五〇〇〇円、マッサージは別に二万円、けっこうお金かかるね。そこで私、健さんのマッサージをしていたよ。健さん、慢性の便秘だった。それで、野菜や桃をたくさん食べさせて治してあげたら、喜んでいた。私はセイコーの時計やスーツ、いっぱいいろんなものをプレゼントしてもらったよ」

さほど警戒するふうもなく、ぽつりぽつりと話し始めた。高倉に気に入られ、「独立して店を出したらどうか」と勧められた。最初に高麗人参《こうらいにんじん》などを扱う漢方の健康食品販売店をオープンしたという。

「それが一九九九年よりちょっと前です。養生堂《ようじょうどう》という店で、チラシに健さんの写真を入れて宣伝すると、けっこう儲かったね。一～二年で一〇〇〇万円以上儲かったから、そのあと（中華料理の）茶源樓を始めたんだよ。わたしコックじゃないから、経営だけね。健さんは養生堂には来なかったけど、電話はしょっちゅうね。電話があると、（瀬田の）自宅にマッサージに行ってた。そんなとき（養生堂に）健さんが中国飯店の徐（富造）さんを連れてきて紹介されたんだよ。そのあと忙しくなったんで、養生堂を閉めてね、富麗華でマッサージするようになったんだよ」

麻布十番にある富麗華は、都内にある中国飯店チェーンのなかでも、とりわけ高級店として知られる。五階建てビルの三階までが店舗になっているようだが、どこでマッサージをしていたのか。

「四階がマッサージ・ルームになっててね。私はそこに通っていました。その階にはいろんな人が来ていたよ。徐さんの奥さんもときどき来た。富麗華の店長も来てたかな。私は徐さんから二八万円の月給をもらっていたので、そこに来た人をマッサージするだけよ」

杜のことを教えてくれた芸能記者に聞くと、富麗華には生前の高倉健が寝泊まりしてきた専用の部屋があったともいう。

そこで高倉にもマッサージをしていたのか、また養女もそこにいっしょにいたという話は本当か、それらの疑問を矢継ぎ早にぶつけてみた。

「うーん、それは私、いえないね。マッサージはね、二八万円もらって（四階に）来る人をマッサージしていただけだから。あとは徐さんに聞いてほしい、ね」

杜は急に戸惑うような表情を見せ、口が重くなった。富麗華の最上階はVIP客専用の部屋だそうだが、高倉の部屋はどこにあったのか、養女については見たことがあるか、そうも聞いてみた。すると、微妙に言葉を濁した。

「私、それははっきりはわからない。私が（高倉を）マッサージしていたとき（専用の部屋）はなかったと思うよ。ただ、ただ、これについての場合は、あまりしゃべっちゃいけないのよ。徐さんが話すならいいけど、徐さんにお願いしてみてください」

否定はしないのだが、養女の件になると、ますます日本語がたどたどしくなる。というより、頑なに話すことを拒否した。やむなく中国飯店社長の徐に尋ねてみた。

高倉健と養女はレストランで知り合い、のちに彼女が中国飯店富麗華で働いていたという話もある。亡くなる少し前には、高倉が富麗華のビルに専用部屋を持ち、そこで暮らしていた時期があり、身のまわりの世話を養女がしていたのではないか、とも芸能記者は話していた。それらの点を率直にぶつけてみた。

「私は、たしかに高倉健さんと古い古いお付き合いです。ちょうど四〇年。中国にもいっしょに行ったことがあります。でも、高倉さんのことは、いっさいしゃべらないと誓っています。しゃべると高倉さんを裏切ることになりますから、許してください」

徐は流暢《りゅうちょう》な日本語でそう繰り返すのみだった。

最後の女としての復讐

戦前、北部九州川筋の裕福な家に生まれた高倉健は、筑豊炭鉱の荒くれ者たちと日常的に接し、戦中・戦後の動乱を目の当たりにしながらも、伸びやかに育った。この時代にあって、家庭環境そのものは東京の私立大学に通えるほど恵まれていたといえる。

高校を卒業し、淡い夢を抱いて東京にのぼってきたに違いない。だが、大学での暮らしは乱れ、いざ就職しようとしても、仕事が見つからなかった。あげくヤクザの組長の世話になった時期もある。

道を踏み外しそうになった、そんな甘ちゃんの若者の前に、物の弾《はず》みで突然開けたのが、映画の道だった。幸いにも父親譲りの長身と三白眼のシャープなマスクが、東映の目に留まり、道が開けた。

そうして飛び込み、触れたことすらなかった銀幕の世界で、本人は水を得た魚のように躍動した。奇しくも、高倉健をスターに押し上げたのが、ヤクザ映画だ。かつてその道に入りかけた世界を描く舞台で、高倉健は古典的な日本の任俠ヤクザを演じ、絶大な人気を得た。

スクリーンのなかの敵役《かたきやく》は非道な現代ヤクザで、その理不尽《りふじん》極まりない横暴に耐えに耐えた末、愛する弱者を救うため、やむなく刃《やいば》を振るう。そんな姿に、日本中の多くのファンが魅了された。

だが、演じたのは、それだけではなかったのではないか。本人にその意識があったかどうかもわからないが、高倉健は、暴力団と批判されるヤクザが生来持つ凶暴性を大学生のころから肌で知り、任俠という美名に潜む人間の脆《もろ》さを体感してきた。

暴力団の悲哀を感じとり、演じてきたからこそ、ここまで観衆を惹きつけたのではないか。私はまったくの映画の素人だが、改めて東映の任俠シリーズを観るうち、そう感じるようになった。

そして高倉健は、任侠映画から卒業した。それもまた、必然だったのかもしれない。飲み屋でからんできたチンピラに怒りを爆発させて殺してしまい服役した男、その苦悩を描いた「幸福の黄色いハンカチ」が、高倉の転機となったのは誰もが認めるところだろう。以来、数々の秀作を残し、生きる伝説とまで評される映画界の英雄となった。

半面、高倉は、かつてみずからを育ててくれたヤクザの世界も忘れなかった。道を踏み外しかけたころの遠い過去の恩人の頼みを聞き入れ、ホテルを訪ねた。また、山口組の大物組長の息子の命日まで覚えていた。

高倉健は人生を演じ切ったという人がいる。それは当たっているようでもあり、信じるものを徹底的に大事にした人生哲学の表れのようにも感じる。

「生きるために必死だった」「もがき苦しむ人こそ美しい」──数少ないマスコミのインタビューで、高倉はそう語った。「私みたいな人間」という言葉もよく使ったが。その謙遜は演技で見せる台詞《せりふ》ではなく、本音だったようにも思える。

高倉健の女性に対する恋愛観は、やはり江利チエミ抜きには語れないだろう。代表作の一つ「鉄道員《ぽっぽや》」のなかで流れるテネシー・ワルツは、高倉が自堕落《じだらく》な生活をしていた大学生の頃に出会った曲だ。江利チエミの近親者は離婚のときの対応に今も不満を漏らすが、高倉が彼女に憧《あこが》れて愛し、その別れを引きずってきたのも、また間違いないだろう。

そう考えると、いつまでも江利チエミの残像を追いかけていた高倉をそばで見ていた養女の苦しみも、理解できないわけではない。最後の女性として登場した彼女は、ひょっとすると高倉に復讐《ふくしゅう》しているのだろうか。取材をしていてそう感じる瞬間もあった。

もがき苦しんだ生涯

別居した高倉健と江利チエミの二人は、互いを思いやるあまり、離婚という道を選んだ。それから一〇年後の一九八二年二月一三日、チエミはウイスキーの牛乳割りを喉《のど》に詰まらせて息絶えたとされる。死因は心不全、四五歳という若さだった。

父親違いの実の姉と名乗り出た女性に騙され、背負った億単位の借金を返済したのち、江利チエミは「芸能生活三〇周年アニバーサリーのコンサート」と称して、全国ツアーをおこなった。最後の九州公演を終えて東京に戻り、次兄・甫の娘夫婦が経営する芝大門の宮本寿司で打ち上げをした。

「そこで、マネージャーとその奥さんたちといっしょに食べて、飲んでね。ウイスキーの牛乳割りは、次の日にアルコールが残らないからって、一時期気に入っていました。ただ、もう酒は弱くなっちゃってたんで、すごく酔っていたんだと思います」

当時、二〇歳そこそこだった異母弟の久保益己は、二五歳も上の姉の無念を、今も時折思い出すという。このときいっしょに打ち上げに参加していたのがマネージャーの木村隆だ。

「世間ではウイスキーの牛乳割りを喉につまらせたとなっているけど、あの頃はもう、それはやめていました。ビールとスーパーニッカの水割り。スーパーニッカに凝っていましてね。アルコールの好きなほうですから、気持ちがよくなるまで飲まないと気が済まない。それで、酔ったチエミを私の家内がタクシーで高輪《たかなわ》のマンションまで送っていったんです」

翌朝、木村夫人がマンションに迎えに行き、チャイムを鳴らしても応答がない。専用エレベーターで四階まで上がってスペアー・キーでドアを開け、寝室に入った。チエミはうつ伏せのまま、すでにこと切れていたという。

江利チエミの家族葬は、借金を返して抵当を外したばかりの千駄ヶ谷の久保家でとりおこなわれた。四五歳という若さに加え、死亡の状況があまりに奇異だったため、遺体は司法解剖にまわされた。そのため、葬儀・出棺《しゅつかん》が二月一六日にずれ込んだ。奇

取り壊された瀬田の自宅

しくもその日は高倉健の誕生日であり、二人の結婚記念日でもあった。結婚の挙式は、わざわざチエミが高倉の誕生日を選んだと伝えられる。

江利チエミの家族葬にマスコミが殺到したのはいうまでもないが、彼らの最大の関心事は、高倉健が現れるかどうか、だった。これまでマスコミの目を盗んでやって来たという報道もあったが、実弟の益己によれば、結局、現れなかったという。高倉は、孤高を貫くイメージを守ろうとしたというより、未練がましくマスコミの前に姿をさらすことができなかったのだろう。

しかし、ひといちばい情の深い高倉に、離婚や彼女の死に対する悔いが残っていなかったわけではない。

高倉健が、瀬田の自宅からすぐそばに、江利チエミの眠る久保家の墓を買ったのは前に書いた。それ以外に、鎌倉霊園に水子の墓碑を建て、霊を弔《とむら》ってきた。

「鎌倉霊園の墓を買ったとき、兄からは『見晴らしがいいけん、おまえもいつでも行ったらよか』と電話がありました。あそこにはチーちゃんとの水子墓も建っているし、と。離婚のとき私たちは何もできなかったので、亡くなってからしばらくして、お参りに行きました」

チエミと仲のよかった実妹の敏子は、そう声を詰まらせた。

「そういえば、最近、チーちゃんの夢をよく見るのよ、何か知らせようとしてくれているんじゃないかな、とも思うんです。それこそ天から見ているような気がして」

その言葉のすぐあと、高倉健の三回忌を待たずして、江利チエミの水子の墓は養女の手によって撤去されてしまった。

たとい七、八〇の齢を期すとも思えば夢のごとし——。八三年で人生の幕を閉じた高倉健は、最も日本人に愛された俳優である。時代や風評を超え、みずからあるべき生き方を貫くため、もがき苦しんできた生涯だった。とおり一遍の人生観では量れないストイックさに感じ入ると同時に、ある種のいじらしさも覚えるのは、私だけではないだろう。

本人はそこに美学を求めてきたように感じる。だからこそ、日本人は高倉健の姿を美しいと表現し、愛してやまなかったのではなかろうか。

「死はたたみ一畳で足る爽《さわ》やかに」という句がある。

名声と富を極めた高倉健は、その骨すら家族の手元に残らなかった。数え切れない思い出を紡《つむ》ぎ出してきた家は取り壊され、墓すらも更地《さらち》になってしまった。

人の世の栄華とは何を指すのだろうか、生涯をまっとうするとは、いったいどういうことなのか。高倉の人生に接していると、そんな疑問が湧く。生きる伝説とまで称されながら、その生《い》き様《ざま》はわれわれと同じように、いやそれ以上にずっと泥臭く、奥深い悩みを抱えてきた。きらびやかなスポットライトの裏で必然的に生まれる陰影に支配されてきた。

一隅《いちぐう》を照らすという言葉がある。人生の陰影に火を灯《とも》しながら、日々、与えられた務めを果たしていく。高倉健は誰もが悩み惑《まど》いながら進む生への営《いとな》みに、正直に向き合ってきた。そこがこの男の、最大の魅力なのかもしれない。

文庫版解説

『健さん』

2015年初秋、ある会社の依頼で、私は高倉健のドキュメンタリーを監督することに決まった(のちに映画のタイトルは『健さん』と名付けられる)。本書を手に取るどれぐらいの読者が、映画『健さん』の存在を知っているだろうか。その経緯や、映画制作のプロセスをここで書き始めてしまうと、それだけで一冊の本になってしまうだろう。

しかし、なぜ私のような無名監督が、このような大役を任されたか? 不思議に思う人は沢山いるはずだ。これ又長い話になってしまう。一つ言えることがあるとすれば、この大役を引き受けるということは、どんな監督であろうが、ある種の覚悟をもって作品に取り組まなければいけないということだったと思う。いかに深く高倉健像を掘り下げたとしても、どんな名作になったとしても、結果、世の中の「健さんファン」から当然の如くヤジを飛ばされる。高倉健という存在は〝宗教〟を語るに等しい。

「いやいや、本当の健さんはそんなもんじゃない」

作る前から否定的な意見が飛び交うだろうプロジェクトを喜んで引き受ける（大）監督たちは存在しなかった。ある意味、彼らの選択は正しかったとも思う。

現に私は世の中からかなりの陰口を叩かれた。「この何処の馬の骨かわからない人間に高倉健の何が語れるというのか？」一言でいうとそういうことだろう。撮影中にもありとあらゆる罵声を浴びた。昔から健さんファンだと名乗る者、反社会的組織の者、そして挙句の果てには昔からの友人（だと思っていた者）に至るまで、お前に健さんのことを語る資格はない、健さんのことを語ったら承知しないと脅迫じみた言葉を私に残していった。私の生活は少しずつ変わっていった。言葉数が少なくなり、徐々に人とも会わなくなっていった。実際、撮影している期間、私から『健さん』プロジェクトを第三者に語ったことは一度もない。

そんな状況をかろうじて切り抜けられたのは、私の長い海外生活がいかされたからかもしれない。その30年もの月日は決して優雅なストーリーばかりではない。『健さん』のオファーを受けた当時の私は、ニューヨークという華やかな場所に身を置きながらも、先行きの見えない、目標を失った中年男だった。そんな私に勇気を与えてくれていたのが、映像の中の高倉健だった。寝る前に、高倉さんの映画をつけっぱなしにして、そのまま寝てしまうという日が幾夜も続いていた。作り話のようだが本当の話だ。（ニューヨークの）当時住んでいたアパートの近くに日本人が経営するビデオ屋があった。そこは故郷のカルチャーを恋しがる日本人が集まる場所といってもいい。仕方なく会社の都合で海外出張に来ている者、夢を追ってニューヨークに来たものの帰国するきっかけを失い、そのまま居ついてしまった者、人種の坩堝《るつぼ》といわれるニューヨークには様々な人が住んでいる。そのビデオ屋の客は、日本で放映しているバラエティー番組や、日本の新作映画を目当てにしてくる人が多いのだが、私の目的はただ一つ。高倉健の映画だった。今考えると、なんという運命だろうか……当時の私は高倉さんの出演作205本のうち、既に190本近くは観ていたのだから。

『健さん』の監督オファーを受けた際、私には断る理由が見つからなかったというのが本音である。私のような新米監督（と言っても既に50手前だったが）にとって失敗は怖くなかった。それよりも自分の中のヒーロー（高倉健）を世界の人に知ってもらいたいとストレートに思った。海外で「日本の俳優で誰を知っているか？」と聞くと、今でも三船敏郎と答える人が多い。最近では、ハリウッド映画にも出演している渡辺謙ぐらいだろう。高倉健の存在を知る外国人はほとんどいない。

私は『健さん』を撮っていく際、軸となる二つの人物像を思い浮かべた。一つは世界の著名人たちが語る〝俳優、高倉健〟。もう一つは〝高倉健〟という人物を陰で支えた人たちの言葉の数々が紡ぎ出す健さん像。その両極端な面を見せることでこれまでにない高倉健像を描けないかと思った。私は早速インタビューをする人たちのリストアップを行った。私の挙げた人物は、マーティン・スコッセシ監督や、俳優マイケル・ダグラスを筆頭に錚々たるメンバーだった。しかし会社側は私にこう問いかけた。「日比さん、そんな人たちが本当に出てくれるんでしょうか？」当然の疑問であり、不安だったであろう。勿論、私にコネクションがあったわけではない。出演料といったって、一人幾らと均一に決められていて、日本でいう車代程度。撮影期間も限られていた。結果、マーティン・スコッセシ氏は交渉に半年以上かかり、マイケル・ダグラス氏は40通近い手紙のやり取りをした後、両名ともギャラなしで出演してくださった。

ドキュメンタリーというものは、いつまでやっていても終わりの見えない作業の連続である。ストーリーを構想しても、そのようにはいってくれないことが多い。もう一人、いやもう5人ぐらいインタビューしたら、もっと面白いエピソードが聞けるんではないか……しかし作品というものは、どこかで覚悟を決めて、仕上げることに専念しなければいけない時期が訪れる。

実はプロジェクトを始める前、高倉さんの家族のことはまったくといっていいほど無知な私だったが、色々と調べていくうちに九州にある本家の墓の存在を知り、是非とも劇中に収めたいという想いが芽生え始めた。しかし、チームはそんな私の想いを食い止めようとした。その理由は、つまるところ養女の存在があったからだ。本来、芸術というものは、いつの時代でも意見が分かれるものであり、必ずしもそこに答えがあるわけではない。私はそのどちらかに立って議論を楽しむべきだと思っている。しかし、こと高倉健に関してはどうもそうはいかないらしい。そのほとんどの人が勝手な解釈で醜い論争を起こしてしまう。養女と本家の関係性は私の作品には関わりのないことで、本家の墓の存在は、高倉さんの生い立ちを語るには必須だと感じた。スキャンダルな作品を目指したわけではない、あくまで俳優、高倉健をきちんと描くことが目的だった。

『健さん』は奇跡が重なって生まれた作品だとも思っている。その一つが高倉さんの実妹である森敏子さんのインタビューだ。なぜなら、前もってインタビューさせてくださいとご本人にお願いしたわけではなかったからだ。あくまで小田家の墓を撮らせてくださいとお願いしただけで我々は九州に向かっていた。ところが森さんご本人にお会いして、色々と話しているうちに、インタビューをさせてもらえませんかと、つい尋ねてしまった。森さんは心よく引き受けてくれた。というよりは、お兄様（高倉健）のことを自分なりの言葉で残しておきたかったんだと私は解釈している。格好つけるわけではないが、そんな奇跡が起こる度に、〝映画の神様〟が降りてきてくれた気がした。『健さん』を通して数えきれない程の出逢いがあったが、中でも森敏子さんとの出逢いは私にとってかけがえのない宝となった。

『健さん』は、一年近くの歳月をかけて完成し、都内にある某試写室で初試写が行われた。既に『健さん』は業界で知らぬ者がいないぐらい話題になっていた。試写室には多くの関係者たちが集まった。出演していただいた方々、マスコミ関係、政治家、出版関係、そして映画関係者、様々なジャンルの人たちが列をなしていた。

私はプロデューサー陣と共に、待合室で何をするわけでもなく、じっと映画が終わるのを待った。95分という上映時間がとても長く感じられたのを記憶している。我々はエンディングの音楽が鳴り始めたのを耳にすると、立ち上がり客席から出てくる人たちを迎える準備をした。上映が終了し、観客が出てきた……予想通りと言うべきか、ほとんどの人が私と目を合わせることなく劇場を後にしていった。その後ろ姿から漂う目線は決して温かいものではなかった。

『健さん』を絶対に潰す、消すと血眼になって動く結成者たちが存在すると聞いていた。業界であれだけ話題になった『健さん』に陽が当たることなく、興行は大失敗に終わった。


映画が封切りされたあとも、私への嫌がらせは続いた。ある日そんな誹謗中傷がピタッと止んだ。それはある記事が新聞に大きく載ったことがきっかけだった。

監督を任されて、私なりに考えた最終目標があった。それは『健さん』をモントリオール世界映画祭で上映することだった。カンヌでも、ベネチアでも、ベルリンでもなく、モントリオール。それは高倉さんが唯一国際映画祭にて、主演男優賞を受賞した聖地だったからだ。会社側は映画祭には興味がないということだったので、私は黙って個人でエントリーした。映画祭に作品をもっていくということは、完成のタイミングもあり、作品の選択も映画祭によってそれぞれ好みが違う。すべてが揃わないと難しい。『健さん』はワールド・ドキュメンタリー部門23作品の一本に選ばれただけでなく、その年の最優秀作品賞を受賞した。その大舞台に立ったとき、本当に高倉さんの魂が共にいてくれたと感じたものだ。

しかし、その後、私は高倉健の存在から距離を置きたいと思うようになっていった。いつしか〝健さんアレルギー〟ともいえる拒否反応が起こり始めていた。それだけ高倉健のことだけを始終考えた一年だった。

コロナ禍、久しぶりに森功さんとお会いすることになった。初めて森さんとお会いしたのは、『健さん』の試写場だった。森さんは、上映後にお話しした数少ない一人だった。森さんの深い洞察力、徹底したインタビューにはいつも感心させられる。作家として尊敬する森さんの描いた本をいつか劇映画にしたいとも願っているのだが、そんな森さんがふっとこう呟いた。「今度私の書いた健さんの本が文庫本になるんですが、日比さん、あとがきを書いてくれませんか？」

突然、私の中で封印していた高倉健の亡霊が再び忍び寄ってくる気がした。まるで「一度オレに関わった人間はそんな簡単に他所《よそ》へは行かせないよ」と高倉さんの声が聞こえてくるかのように……。本書の存在は知っていたが、あえて読んではいなかった。しかし、私は躊躇《ためら》いなく森さんのオファーを承諾していた。その理由は今でもわからない。

本書を一読して驚いた。私は本書に書かれてある多くの人とお会いしているが、その様子や登場人物の話が、まるで昨日のことのように鮮明に蘇ってきた。

私は『健さん』を監督したことで、多くの素晴らしい出逢いを受け継いだ……と同時に、幾人かの友人を無くした気がしている。しかし、それが高倉健の名に触れるということなのかもしれない。

森さん、覚悟は出来てますよね？

２０２０年8月15日　東京

映画監督　日比遊一

この作品は、二〇一七年八月に小社より『高倉健　七つの顔を隠し続けた男』として刊行された作品を改題したものです。

|著者| 森功　1961年、福岡県生まれ。ノンフィクション作家。岡山大学文学部卒業後、伊勢新聞社、「週刊新潮」編集部などを経て、2003年に独立。2008年、2009年に2年連続で「編集者が選ぶ雑誌ジャーナリズム賞作品賞」を受賞。2018年には『悪だくみ「加計学園」の悲願を叶えた総理の欺瞞』（文藝春秋）で大宅壮一メモリアル日本ノンフィクション大賞受賞。『地面師 他人の土地を売り飛ばす闇の詐欺集団』『ならずもの 井上雅博伝──ヤフーを作った男』（ともに講談社）『官邸官僚 安倍一強を支えた側近政治の罪』（文藝春秋）など、著書多数。

高倉健（たかくらけん）　隠し続けた七つの顔と「謎の養女」（かくしつづけたななつのかおとなぞのようじょ）

森功（もりいさお）

© Isao Mori 2020

講談社文庫
定価はカバーに表示してあります

2020年10月15日第1刷発行

発行者──渡瀬昌彦

発行所──株式会社 講談社
東京都文京区音羽2-12-21　〒112-8001

電話 出版 （03）5395-3522
　　　販売 （03）5395-5817
　　　業務 （03）5395-3615
Printed in Japan

デザイン──菊地信義
本文データ制作──株式会社新藤慶昌堂
印刷────株式会社新藤慶昌堂
製本────株式会社国宝社

ISBN978-4-06-521141-0

講談社文庫刊行の辞

二十一世紀の到来を目睫に望みながら、われわれはいま、人類史上かつて例を見ない巨大な転換期をむかえようとしている。

世界も、日本も、激動の予兆に対する期待とおののきを内に蔵して、未知の時代に歩み入ろうとしている。このときにあたり、創業の人野間清治の「ナショナル・エデュケイター」への志を現代に甦らせようと意図して、われわれはここに古今の文芸作品はいうまでもなく、ひろく人文・社会・自然の諸科学から東西の名著を網羅する、新しい綜合文庫の発刊を決意した。

激動の転換期はまた断絶の時代である。われわれは戦後二十五年間の出版文化のありかたへの深い反省をこめて、この断絶の時代にあえて人間的な持続を求めようとする。いたずらに浮薄な商業主義のあだ花を追い求めることなく、長期にわたって良書に生命をあたえようとつとめるところにしか、今後の出版文化の真の繁栄はあり得ないと信じるからである。

同時にわれわれはこの綜合文庫の刊行を通じて、人文・社会・自然の諸科学が、結局人間の学にほかならないことを立証しようと願っている。かつて知識とは、「汝自身を知る」ことにつきていた。現代社会の瑣末な情報の氾濫のなかから、力強い知識の源泉を掘り起し、技術文明のただなかに、生きた人間の姿を復活させること。それこそわれわれの切なる希求である。

われわれは権威に盲従せず、俗流に媚びることなく、渾然一体となって日本の「草の根」をかたちづくる若く新しい世代の人々に、心をこめてこの新しい綜合文庫をおくり届けたい。それは知識の泉であるとともに感受性のふるさとであり、もっとも有機的に組織され、社会に開かれた万人のための大学をめざしている。大方の支援と協力を衷心より切望してやまない。

一九七一年七月

野間省一